Richard Lewis

# Leben heisst Staunen

## Von der imaginativen Kraft der Kindheit

Aus dem Amerikanischen von Andreas Nohl



BELTZ
Taschenbuch

Das Werk erschien erstmals unter dem Titel *Living by Wonder* im Verlag Parabola Books, New York



Besuchen Sie uns im Internet
http://www.beltz.de

Beltz Taschenbuch 2


Umschlaggestaltung: Federico Luci, Köln
Umschlagbild: Ulrich Scheufele, Altingen
Satz: Satz- und Reprotechnik GmbH, Hemsbach
Druck und Bindung: Druckhaus Beltz, Hemsbach
Printed in Germany

ISBN 3 407 22002 2

In Erinnerung
an meine Mutter und meinen Vater,
die mir die Gabe des Staunens
schenkten

# Inhalt

## IV In der Natur



## V Leben

# Einführung

Bei unserer Lebensweise muß man sich immer wieder daran erinnern, welch einen umfassenden Prozeß ein Kind durchmachen muß, um sprechen – und später lesen und schreiben – zu lernen. Und auch, mit wachsender Bewußtheit, zuzuhören und Ordnung in seine Gedanken und Gefühle zu bringen. Während die Erde immer mehr zu einer globalen Gemeinschaft wird, muß das Individuum gleichwohl die enorm komplexen, einsamen Welten, die in ihm als einzelnem Menschen existieren, beherrschen und nutzen lernen.

Die Essays in diesem Buch haben mir selbst Gelegenheit gegeben, über das frühe Wachstum der individuellen Persönlichkeit nachzudenken – und zwar vor allem über die verschiedenen Ausprägungen des kindlichen Bewußtseins und seiner Phantasie. Sie sind das Ergebnis meiner Beobachtungen und Versuche, als Lehrer und als Vater zu verstehen und herauszuarbeiten, welche Richtungen unsere früheste Phantasie einschlägt und welche Voraussetzungen sie dafür benötigt.

Die meisten Texte in diesem Buch sind ursprünglich in Zeitschriften und Büchern erschienen, die sich an verschiedene Lesergruppen wandten. Während einige der Texte die Kindheit allgemein zum Thema haben, beziehen sich andere auf einzelne Erlebnisse in meiner pädagogischen Arbeit – doch hoffe ich, daß sie alle als Interpretation des kindlichen Phantasielebens in seiner Entwicklung gelesen werden können. Ich hoffe, sie tragen alle dazu bei, daß wir wieder jene entscheidenden Schritte in der Kindheit wahrnehmen, wenn die Poesie der kindlichen Existenz, so voller Wunder und Energie, zur wahren Grundlage für die Kinder überall werden kann, um ihr einzigartiges und so lebendiges Universum zu bauen.

*Richard Lewis,*
*November 1997*

# I

# Die Sprachen der Kindheit

# Eine Sprache der Kindheit

Ich hatte das Glück, die ersten Sprechversuche meiner drei Kinder begleiten und beobachten zu können. Immer wieder ist man fasziniert und von Ehrfurcht erfüllt angesichts dieser außerordentlichen menschlichen Fähigkeit. Einem Kind nahe zu sein, das seine ersten tastenden Schritte in die Welt der Laute unternimmt, diese Laute zu einzelnen Wörtern zusammensetzt – und schließlich mit ebenso selbstverständlicher Erfindungsgabe wie eigenständiger Kühnheit Wörter zu kurzen Aussagen und Aussagen zu Sätzen formt, Sätze zu Teilen einer umfassenderen Bekundung zusammenfügt –, kommt der Entdeckung einer heroischen Leistung gleich.

Wenn wir uns nur an die Anstrengung erinnern könnten, an das tägliche neue Probieren, die sehnsüchtige Erwartung, an den Vorgeschmack der Möglichkeiten, die das Sprechen bereithielt. Wenn wir uns nur noch einmal den Augenblick vergegenwärtigen könnten, als wir wußten, daß wir gesprochen hatten und uns nichts mehr am Weitersprechen hindern konnte. Wenn wir die Erregung noch einmal spüren könnten, die jedes neugefundene Wort in uns erweckte. Und immer wieder sagten wir uns die Wörter vor, bis sie einen eigenen, unverwechselbaren Gesang bildeten.

Doch Erinnerungen daran lassen sich kaum mehr zurückrufen. Schon so lange ist die Sprache Teil unseres alltäglichen Lebens, und nur noch selten halten wir inne, um über die Schönheit der Sprache zu staunen, über die einfache Tatsache, daß Sprechen eine Brücke über das Schweigen schlägt.

Zunächst probieren wir als Kinder Kraft und Stärke des Sprechens. Wir lernen, zu rufen und zu schreien, unsere Stimmen zu dämpfen, Konsonanten zu zischen, schnell und langsam zu sprechen, verschiedene Laute zu akzentuieren und zu betonen. Wir erklären unsere Unabhängigkeit von der Stille. Wir jagen nach Wörtern und, wenn sie an die Schwelle unserer Lippen kommen, singen wir sie hinaus und schauen zu, wie ihr Klang in alle Winde zerstiebt. Meister unseres Instruments, stimmen wir uns auf das Spiel ein mit dem, was wir zu sagen haben. Und im Sprechen erfinden wir, die Farben der Wörter bahnen sich ihren Weg durch das Unbekannte und verwandeln diese Stille, jenes Schweigen.

Wir fürchten uns vor dem Schweigen nicht, solange es Entdeckungen im Bereich des Sprechens verspricht – und dieses Versprechen aufrechterhält, bis uns plötzlich in einem Augenblick klar wird, daß wir reden können und verstanden werden.

Dann richten wir unsere Wahrnehmung auf Dinge, die außerhalb unseres eigenen Sprechens liegen. Behutsam tastet sich unsere Neugier vor, um herauszufinden, was Schweigen eigentlich ist. Ein Vogel, der auf dem Ast über mir sitzt: spricht er? Flüstert der Wind Wörter, die den meinen gleichen? Das Wasser in seinen vielfältigen Spiegelungen: hört es dasselbe wie ich? Ein Stein, ein Stift, eine Münze: können sie reden, auch wenn sie im Moment gerade stumm sind? Kann ich eine Stimme im Himmel hören oder verstehen, was mir ein Frosch mit seinen Augen erzählt?

Für das kleine Kind enthält Stille die Ankündigung von etwas, das geschehen, das gesprochen werden wird. Ich erkunde zusammen mit Kindern Stille, wenn ich beim Unterrichten ein Blatt hochhalte, das ich von der Erde aufgelesen habe. Ich halte es hinauf ins Licht, ohne ein Wort zu sagen. Wenn ich frage:

»Was denkt das Blatt wohl?«, zweifeln nur wenige Kinder an dem Ernst meiner Frage. Die meisten gehen davon aus, daß jedes Objekt, wenn es aus dem komplexen Zusammenhang des Lebens herausgelöst wird, Gedanken haben kann und auch hat. Eine angeborene Fähigkeit, nicht-menschliche Dinge mit Gefühlen auszustatten, verhilft uns früh zu der Überzeugung, daß Denken keineswegs nur auf uns selbst beschränkt ist. Wenn in einem Blatt Gedanken sind, dann wird es auch sprechen wollen. Sprache wird zu einem Mittel, mit dem die Dinge aus ihrem Schweigen befreit werden. Damit nähern wir sie dem an, was wir von ihnen gesagt bekommen wollen – und was wir selbst durch sie sagen wollen. Unsere mythischen Traditionen beruhen auf der menschlichen Fähigkeit, die Sprache zum Leben zu erwecken, die in Geschöpfen, Pflanzen, Monden, Sonnen und Sternen wohnt – in allen Dingen außerhalb unserer selbst. Wir leben in einem lärmenden Universum voll von sich gegenseitig übertönenden Dingen, wenn man die Lautstärke nur ganz aufdrehen würde.

Doch kehren wir zu einem stilleren Aspekt der Sprachentwicklung zurück. In unserer erwachsenen Sprachwelt begeben wir uns ständig der Möglichkeit, den anderen Formen zuzuhören, die Sprache annehmen kann. Als Kinder haben wir uns stärker auf die Transparenz der Gefühle verlassen. Unser Beobachten und Hören war nicht so sehr von der Absicht geprägt, über etwas reden zu wollen, sondern von den Empfindungen, die die Dinge in uns hervorriefen und denen wir uns überließen. Ein Elfjähriger, mit dem ich arbeitete, sagte mir, daß »Gefühle durch das Sehen und Berühren denken«. Ich weiß nicht, ob dieser Junge eine genaue Vorstellung davon hatte, was er sagte, aber seine Aussage zeugte von einer intuitiven Einsicht in eine Sprache, die er erlebt und nicht vergessen hatte. Wir sind Tiere mit einem instinktiven sinnlichen Wahrnehmungsvermögen, bevor wir sprechende, wort-artikulierende Wesen werden. Durch Sehen und Berühren erhalten wir Zugang zu einer Gefühlssprache, die unsere Aufmerksamkeit auf das Wesen der Dinge lenkt. Als Kinder kennen wir noch nicht die Namen der Dinge, aber wir wissen, wie sie aussehen, wie sie sich anfühlen und wie sie riechen. Ihre sinnliche Beziehung zu uns ist eine Sprache. Sie erlaubt uns, mit der unmittelbaren Welt zu kommunizieren, und durch unsere Augen, Finger, durch Mund und Nase erlernen wir ein wortloses Vokabular dessen, was uns umgibt.

Schweigen und Stille sind lebendige Qualitäten, die uns einst vertraut waren – nicht als Abstraktionen, sondern als Empfindungen. Gina, eine neunjährige Schülerin, schrieb: »Scht – Stille, Rauschen, das Geschrei der Möwen, das Schweigen des Nirgendwo ist da, während das Meer sich selbst in Schlaf wiegt.« Sie erkennt unbewußt die Stille als eine Art Sprache, vielleicht als den tiefsten Grund, von dem die gesprochene Sprache ursprünglich ihren Ausgang nimmt.

Ngaire, ebenfalls neun Jahre alt, schrieb in einem Text, den sie »Die Gräber« nannte: »Sie sind still. Alles vorbei.« Ngaire hat für die Stille und das Schweigen Worte gefunden, zu denen wir uns verhalten können – beides Erfahrungen, die für das Verstehen notwendig sind.

Wie könnten wir widersprechen, wenn Josh, ein elfjähriger Junge, sagt: »Sprache kam aus Stille, Schweigen, Totsein.« Er hatte keinen Schimmer von irgendwelchen komplizierten linguistischen Theorien, aber mit unfehlbarer Genauigkeit benannte er die Art und Weise, in der er körperlich, per Erfahrung mit Schichten des Bewußtseins kommunizieren konnte, die uns Älteren verschlossen sind.

Ich erinnere mich an einen besonderen Moment in meiner Kindheit, als aus einem Fluß, den ich betrachtete, mehr wurde als ein Fluß. Eine Erklärung dafür lag außerhalb meines sechsjährigen Sprachvermögens, vielmehr war der Fluß eine Sprache, die mich mit einschloß, und ich brauchte ihm nur auf meine kindliche Weise zuzuhören. Viele Jahre später stieß ich auf einen Text mit dem Titel »Stilles Angeln« von Michael Freeman, der mit elf Jahren schrieb:

Mein Floß lag still und ruhig, und sein gelb-weißes Muster leuchtete in meine immer mehr zufallenden Augen. Entfernt war das sanfte Rauschen eines Wasserfalls zu hören, der in den Fluß mündete. Meine Gedanken wanderten mit dem Wasser, auf und ab, hinein und hinaus, und folgten seiner Strömung. Du läßt deine Gedanken einfach los, als ob sie mit dem Fluß mittreiben würden.

Das Eintauchen unseres Selbst in eine Sprache, die uns umfaßt, ist ein menschliches Vermögen, das es uns erlaubt, mit Dimensionen außerhalb der Begrenzungen des Sprechens und Hörens in Verbindung zu treten. Die Wahrnehmung, daß Sprache ein Ausdrucksverhalten ist, das die ganze Natur durchzieht, bedeutet keineswegs eine Abwertung der menschlichen Sprache. Im Gegenteil bedeutet sie das Anerkennen eines viel verzweigteren und reicheren Sinnbezugs. Wir können, wenn wir wollen, mit unausgesprochenen Erfahrungsqualitäten kommunizieren, wie sie Farben, Formen, Bewegungen, Lauten und Gerüchen überall innewohnen. Wie Thoreau sagt: »In den Wäldern herrscht immer eine bedeutsame Stille, und es ist, als ob ihre Bedeutung kurz davor wäre, zum Ausdruck zu finden.«

Die komplexe Reise, die ein Kind durch sein eigenes Schweigen unternimmt, erlaubt seiner Sprache, sich eine innerste Weisheit anzueignen, die noch kaum als tatsächliches Lernen erkannt wird. Der Lärm unserer Verbalisierungs-Kultur macht uns zu rasch taub dafür, was Kinder unmittelbar verstehen. Ihre frühe Beziehung zur Sprache ist eine poetische, weit vom Nutzwert der Gebrauchssprache entfernt. Es erstaunt sie nicht, wenn sie mit dem kleinsten Vogel oder der entferntesten Sonne Zwiesprache halten. Sie spüren, daß diese Kommunikation einlöst, wofür Sprache ursprünglich gedacht war: eine innere Verbindung zu dem, was hier ist, was vorstellbar ist und was es einst gegeben hat.

Im Trikot seiner bevorzugten Basketball-Mannschaft, in Turnschuhen, die vom vielen Rennen ausgebeult sind, langsam und verhalten im Sprechen, unsicher, was seine Schulkameraden aus der fünften Klasse von ihm halten werden, erklärt John, wie alles anfing: »Die Sprache kam von der Erde und den Sternen.« Wenn wir bereit sind, ihm zuzustimmen, dann ist unser Sprechen freilich nicht mehr als eine Folge von nur wenigen Wörtern in einem sehr viel längeren Satz.

# Der Wind der Ringelblumen

Ich erinnere mich, daß mein Sohn, als er zwei oder drei Jahre alt war, oben auf einem Felsen stand und zu den Bäumen sprach. Dann und wann rief er etwas – ein wirbelndes Wort, das er einem Fels, einem Baum, einer vorbeiziehenden Wolke entgegenschleuderte. Das Ritual wurde Teil seiner täglichen Streifzüge durch eine kleine bewaldete Gegend, wo wir den Sommer verbrachten. Er hatte eine Phase seiner Sprachentwicklung erreicht, in der Wörter eine magische Kraft angenommen hatten: Sie wurden gehört und empfangen von den Objekten, die ihn umgaben, und durch die Berührung seiner Wörter für immer verwandelt.

Die neue Fähigkeit meines Sohnes entsprach dem, was viele Kulturen, unsere eigene eingeschlossen, für selbstverständlich halten: daß die Sprache eine spezifische Macht hat, zu verwandeln und – im tiefsten Sinn – zu erschaffen. Von dem »Im Anfang war das Wort« im Neuen Testament über »Das Wort wurde fruchtbar; es brütete mit mattem Glanz; es brachte die Nacht hervor« der Maori bis zum »Vom gesprochenen Wort hängen alle Götter ab, alle Tiere und Menschen; im Wort leben alle Geschöpfe; im Wort ist das Unvergängliche, das Erstgeborene des ewigen Gesetzes, die Mutter der Veden, der Nabel der göttlichen Welt« der Inder wurde das Wort mit einer Kraft und Wikungsmächtigkeit ausgestattet, die Leben schafft. Edmund Carpenter sagt in

Bezug zur Dichtung der Inuit: »Wörter sind nicht die Aufschriften auf bereits vorhandenen Dingen. Wörter sind wie das Messer des Schnitzers: sie befreien die Idee, das Ding aus der allgemeinen Formlosigkeit der äußeren Welt. Wenn der Mensch spricht, dann befindet sich nicht nur seine Sprache in einem Stadium der Geburt, sondern ebenso dasjenige, worüber er spricht.«

Das tiefinnere Band, das zwischen Wörtern und den Gegenständen, die sie benennen, ist eines der erstaunlichsten Charakteristika der Kindheit. Doch bei sehr kleinen Kindern geht dem Bilden von Wörtern das Produzieren von Lauten voraus. Durch die Wahrnehmung von Lauten und ihrer Wirkung erfaßt das Kind langsam die Bedeutung, die Wörtern zugrunde liegt. Wer das Glück hat, Zeuge kindlichen Geplappers zu werden – vor allem des vogelähnlichen Singsangs kurz vorm Einschlafen –, spürt die Verspieltheit, mit der das Kind stimmlich experimentiert, Laute in seinem Mund rollt usw., um sie in die Stille des dunklen Zimmers zu senden und diese Stille damit zu verwandeln, so daß es sich schließlich durch die Laute getröstet und nicht mehr so einsam fühlt.

Wir können die Wichtigkeit dieser Phase der Lautbildung im Leben eines Kindes kaum überschätzen. Wie beim späteren Kritzeln geht es bei ihr um erste Äußerungen unseres inneren und äußeren Raumes. Das Bilden von Lauten muß uns, wenn auch nur undeutlich, einen ersten Begriff davon geben, daß wir fähig sind, etwas hervorzubringen, was es vorher nicht gab. Es ist im elementarsten Sinn ein ursprünglicher Akt der Phantasie und Vorstellungskraft.

Schließlich entwickeln sich die Laute zu Wörtern. In welcher Sprache auch immer sie erscheinen, für das Kind müssen sie einen magischen Charakter besitzen. Denn Wörter bezeichnen nicht nur Dinge, sie sind diese Dinge selbst. »Mama« und »Papa« zu sagen und zu sehen, wie Mutter und Vater darauf reagieren, »Mama« und »Papa« zu wiederholen, wenn sie nicht da sind, und in den Wörtern die körperliche Nähe, die Anwesenheit von Mutter und Vater ersatzweise zu spüren, im Sprechen ein Bild der Mutter und des Vaters zu besitzen – wie faszinierend und beglückend!

Ocatvio Paz hat von Wörtern als von »einer Menge lebendiger Wesen« gesprochen, »die von Rhythmen bewegt werden wie die Rhythmen, die die Sterne und Planeten regieren«. Für das kleine Kind sind sie genau dies. Sie sind lebendig, nicht nur weil sie Laute sind, die sich bewegen, sondern auch weil diese Laute die Dinge beeinflussen und verändern, die sie bezeichnen. Wenn das Kind das Wort »Sonne« lernt und dann die Sonne sieht, darauf zeigt und »Sonne« sagt, hat sich eine Beziehung verändert; das Kind hat jetzt die Möglichkeit, zur Sonne zu sprechen, sie in den Zusammenhang seines Bewußtseins einzufügen. Dieses Namengeben erlaubt dem Kind mit der Zeit, mit der Sonne auf poetische Weise umzugehen. Ein siebenjähriges Mädchen schreibt:

> Sonne, Sonne, weißt du,
> daß du strahlende Flammen bist,
> mit Glühwürmchen im Licht
> und hell-gelben, roten,
> silberglänzenden Flammen,
> die hochzüngeln,
> wie ein großer Batzen Gold
> die Sonne ist ein zaubernder Freund.

Kinder werden von den rhythmischen und melodischen Elementen der Sprache angezogen. Im Singen, in Wiederholungen, Wortspielen und Nonsens-Geplapper entfaltet die Sprache nicht nur ihren Spaß, sie öffnet darin auch das Tor zu geheimen Vorstellungen.

Als ich vor vielen Jahren in Ghana war, kam ein achtjähriges Mädchen zu mir und begann einen »Zauber«-Gesang zu singen. Die Wörter ergaben keinen unmittelbaren Sinn, doch die Art, wie sie sang, ließ ihr großes Vergnügen an den magischen Kräften der Wörter erkennen. Ich hatte den Eindruck, daß sie mit ihrem Singen meine Aufmerksamkeit gewinnen und mich in ihre Lebenssphäre bringen wollte. Später schrieb sie die Wörter auf:

Große kleine zehn
und Gelbrote
Blaue und Lilaweiße
Mutter will ein Rotes
gib ihr Rot und Rot
meine sind genug
zwei für Blau 1 Junge
1 Taube 2 Tauben
zwei und drei
fünf eines
gib ihm eines ein Blaues
Lila ist das Beste.

Kinder berauschen sich oft am rein musikalischen Zauber der Sprache. Wie erwachsene Schriftsteller freuen sie sich am sinnlichen Ausdruck der Wörter, an ihrer Kraft, Stimmungen und Gefühle hervorzurufen, die über die wörtliche Bedeutung hinausweisen. Diese Faszination bringt das Kind zu wunderbar wilden Metaphersprüngen, in denen Wortverbindungen eine ungeahnte Bilderwelt hervorbringen. Das folgende Gedicht – oder Lied, denn es wurde von einem Mädchen in Irland gesungen, als es ins Haus lief, um seine Mutter zu begrüßen – hat eine fast bardische Qualität. In der Tradition des Schamanismus weckt Etain, vier Jahre alt, die Geister in den Dingen:

Der Wind der Ringelblumen,
Der Flug des amerikanischen Vogels,
Der Klee der Steine,
Der Herr der Feldmäuse,
Das Violett der Ringelblumen.
Die Ringelblume des Klees,
Die Mäuse des Blumengolds.
Die Trecker des Sturms
Wie der Wind bläst
Die Wölfe heulen,
Während der Mond
Über den Himmel zieht.

Der Wind weht die Hüte von den Köpfen
Und weht die Kleider hoch.
Der Bürgermeister der Träume,
Die Ringel der Goldblumen,
Der Bürgermeister des Golds.

Zu einer gewissen Zeit in ihrer Entwicklung werden die meisten Kinder von einem »speziellen« Wort gefangengenommen – ein Wort, das Fenster öffnen, Türen schließen, Tische verrücken, Lichter auslöschen kann. Einige dieser »speziellen« Wörter sind frei erfunden, andere sind tatsächliche Wörter mit bemerkenswerten Fähigkeiten. Auch hierfür gibt es vergleichbare Phänomene in einer Vielzahl von Kulturen, in denen bestimmte Wörter nicht ausgesprochen werden – aus Furcht vor einer ihnen innewohnenden Macht, die in manchen Fällen tödlich ist. Edward Fields Übertragung der Inuit-Weise »Zauberwörter« erzählt uns dies:

In der allerersten Zeit,
als Menschen und Tiere zusammen auf der Erde lebten,
konnte ein Mensch ein Tier werden, wenn er wollte,
und ein Tier konnte ein Mensch werden.
Manchmal waren sie Menschen
und manchmal Tiere,
und es gab keine Unterschiede.
Alle sprachen die gleiche Sprache.
Das war die Zeit, als Worte zaubern konnten.
Der menschliche Geist hatte geheimnisvolle Kräfte.
Ein absichtslos hingesprochenes Wort
konnte seltsame Folgen haben.
Es wurde plötzlich lebendig,
und was Menschen wollten, das geschah.
Niemand konnte es erklären.
So war das damals.

Hier folgen zwei Geschichten, die uns davon überzeugen, daß die Tradition der Magie in der Tat ein fortbestehender Teil der Kindheit ist:

Mein Freund Tommy interessiert sich für Zauberwörter. Ich sagte ihm, daß die meisten Zauberwörter verkehrt herum sind. Dann sagte Tommy »Arbeit« rückwärts, und da sah ich etwas, das wie ein weißer Blitz alles trifft, was grün ist, und meine Tapete und meine Bettdecke sind grün. Ich sah rote Schlangen und blaue Schlangen. Und Raumschiffe und Leute, die mich schubsten. Dann konnte ich gestern nacht nicht einschlafen und bin heute morgen fast zu spät zur Schule gekommen.
*Eric Johnson, 6 Jahre*

Es war einmal ein Mann, der hatte Gold. Das Gold tat alles, was er sagte. Wenn er »Baum« sagte, wurde ein Stück vom Gold zu einem Baum, und wenn er »Wurst« sagte, dann war ein Stück Gold Wurst. Einmal sagte der Mann »Welt«, und an seinem Geburtstag bekam er ein kleines Bild der Welt, und an Weihnachten, an jedem Geburtstag und an jedem Weihnachten bekam er ein kleines Bild der Welt. Eines Tages, an seinem Geburtstag, bekam er einen Anzug aus Silber: eine silberne Hose und ein Hemd aus Gold, und einmal sagte er zu dem Hemd »Kürbis«, aber es passierte nichts, und er dachte immer daran, nur das Gold, das er hatte, würde es tun, dann bat er das Gold um einen Kürbis, aber nichts passierte. Doch eines Tages kam ein grüner Kürbis an die Tür mit einer dreieckigen Nase und runden Augen und einem blöden Grinsen.
*Christopher Pirtle, 5 Jahre*

Sowie Kinder das achte oder neunte Lebensjahr erreichen, entdecken sie, daß das Wort, das magische Kräfte freisetzt, auch andere Fähigkeiten hat. Es kann fluchen, hänseln, abwehren, einschüchtern, parodieren und sich lustig machen; viele Wirkungsmöglichkeiten sind in Kinderliedern und -reimen enthalten. Eine der bekanntesten Sammlung solcher Lieder, Sprüche und Verse ist das 1969 von Peter Rühmkorf herausgegebene Buch »Über das Volksvermögen«, das die Existenz einer mündlichen Tradition unter den Kindern belegt, welche jeder nachfolgenden Generation weitergegeben wird. Die Wörter mit ihrer affektiven Kraft gehören in dem Maß, wie ihr Aussprechen uns vor Angst, Schwäche und Verletzlichkeit schützt oder auch dieselben bei anderen bloßlegt, zur Überlebenstechnik der Kinder.

Wohl oder übel wird, wenn die Kinder größer sind, die Magie der Wörter in Richtung Sexualität, Aggression und Verteidigung verschoben, um dem Druck von Bezugsgruppen standzuhalten und dem Verlangen des Kindes nach Akzeptanz und Zugehörigkeit entsprechen zu können:

> Hat se haut se
> Immer in die Schnauze
> Haut se mit vergnügtem Sinn
> immer in die Fresse rin.

Während diese Art von Sprachgebrauch Kindern überall gemein und eine geeignete Waffe ist, um Gegner in die Flucht zu schlagen, bleibt vielen Kindern eine Art Faszination, ja sogar Ehrfurcht gegenüber dem Wirken der Sprache:

> Wo
> kommen Wörter her?
> Der Hals
> und die Zunge
> arbeiten zusammen
> und bringen sie in Massen hervor.
> Die Flüssigkeit
> im Herzen
> im Magen
> und in der Leber
> eines neugeborenen Babys
> dringt in den Hals
> und in die Zunge ein.
> Wenn du zuviel redest
> geht die Flüssigkeit verloren
> und du wirst stumm.
> Redest du kein Wort
> kommen die Wörter von selbst heraus
> wenn du schläfst.

Auf die Wörter aufzupassen
ist schwierig.
*Ijima Kenji, 11 Jahre*

Sprache, so entdeckt das Kind, kann als Mittel dienen, die innerste Magie von Geschehnissen und Dingen zu beschreiben und hervorzurufen. Für viele entfaltet die überraschende Klangfülle der Wörter eine eigene Magie, die uns tiefer in das Reich des Bewußtseins und der Wahrnehmung führt:

Sanft wie eine Feder
Katzenleise
Schneeweich
Sanft, sanft wie eine Feder
Weicher als Schnee
Leise wie eine Katze
Kommt
Der Abendwind.
*Maria Hourigan, 11 Jahre*

Glücklich ist das Kind, das nie den ursprünglichen Antrieb verliert, Wörter aus der Stille hervorzubringen, und zwar Wörter, die nicht nur das Unbekannte benennen, sondern die auf wundersame Weise, wie das Kind selbst, ein eigenes Leben annehmen. Wie Owen Barfield in »Poetic Diction« schreibt:

> Die volle Bedeutung der Wörter besteht in aufblitzenden, irisierenden Formen, die Flammen gleichen – immerzu flackernde Spuren eines sich langsam entwickelnden *Bewußtseins*, das ihnen zugrunde liegt.

# Die erste aller Fragen

»Aber warum?« fragt das Mädchen und sieht uns an. »Weil ...«, antworten wir ohne Umschweife und so genau, wie wir nur können.

»Aber warum denn?« fragt das Mädchen wieder und wieder.

So sehr wir auch versuchen, diese Fragen zu beantworten, so scheinen die Kinder doch nie damit zufrieden. Haben wir ihre Frage gehört? Sind wir einfach unfähig, die Antwort zu finden, die sie wollen? Warum müssen Kinder uns gegenüber so fordernd sein? Gleichgültig, wie wir uns den Fragen nähern, die sie stellen, halten die Kinder hartnäckig an ihrem »Warum?« fest.

Man hat uns darüber aufgeklärt, daß diese »Warum?«-Fragerei nichts anderes als ein besonders schlaues Mittel ist, um Aufmerksamkeit auf sich zu lenken. In manchen Fällen trifft dies zu, doch wie das unaufhaltsame Wachsen der Arme und Beine erscheint die Frage als ein spezifisches Merkmal der Kindheit. Irgendwo zwischen aktivem Sprechen und der weltlichen Gabe, für seine Gefühle und Überzeugungen einzutreten, entdecken Kinder den strahlenden Erfolg des Wörtchens »Warum?«.

»Aber warum strahlend?« mögen Sie fragen.

Was Kinder, oder genauer, was die Kindheit von anderen Lebensabschnitten unterscheidet, ist eine Dualität von Empfindungen, die sich im großen und ganzen gegenseitig unterstützen. Das erste Empfinden, wenn das Kind einigermaßen gut und liebevoll aufgezogen wurde, ist das Gefühl eines Wohlergehens, ein Gefühl der Zugehörigkeit zu dieser Zeit und diesem Raum. Können Sie sich nicht mehr an jene besonders leuchtenden Augenblicke erinnern, wenn die Geräusche des Morgens durch das Fenster drangen, an den Tag, als Sie bis zum Sonnenuntergang draußen spielten, an den Schnee, der am Ärmel ihrer Jacke haften blieb? Parallel zu diesem Gefühl begannen wir unvermeidlich, unsere Fragen zu stellen – zunächst nur uns selbst: »Wo kommen die Geräusche her?« »Kann ich bis ans Ende des Sonnenlichts gehen?« »Was ist der Schnee?« Vielleicht sind diese ersten Fragen nie tatsächlich, sondern nur insgeheim gestellt worden, einfach weil der neugierige Teil unseres Selbst die Dinge begreifen wollte. Wir wollen nicht vergessen, daß die Neugier wesentlich zum menschlichen Leben gehört – der innerste Wunsch, etwas zu erforschen, das wir noch nicht kennen. Und mag Neugier den Untergang einiger anderer Spezies zur Folge gehabt haben, sie hat den Horizont unserer Sensibilität und unserer Kenntnis erweitert. Und die ganze Zeit, während wir die Dinge um uns herum untersuchten und sezierten, brauste die Frage »Warum?« über uns.

»Warum?« ging nicht so sehr von der Neugier aus, sondern von der nagenden Gewißheit, daß es für alles und jedes einen Grund gab – einen wirklichen Grund zunächst, der es überhaupt zum Dasein brachte. Wenn es schneite, warum tat es das, und wenn es schneite, weil es kalt und feucht war, warum war es dann kalt und feucht – und so weiter … Irgendwo in der Kindheit wurden wir zu Wurzelgräbern, die den Dingen auf den Grund gehen wollten, begabt mit der Fähigkeit, aus dem Reich des Unbekannten wieder an die Oberfläche nachvollziehbarer Tatsachen zurückzugelangen – nur um wieder hinabzutauchen und herauszufinden, was sich hinter den Tatsachen verbarg, welch erstaunliche Mengen von Schlamm und Wasser und Dunkelheit und Hitze die Dinge zusammenhielt. Wir strebten nicht nur nach »Wahrheit« – was immer das für uns war –, sondern wir suchten nach der Glut des Glaubens, die uns wie das Spiel die Wärme und das Licht unseres Vertrauens wiedergab. Wir fühlten uns allem und jedem um uns herum verbunden – der Sommertag war nicht einfach eine objektive Gegebenheit außerhalb unserer selbst, sondern in gewisser Weise waren wir selbst dieser Sommertag.

Heute habe ich den Verdacht, daß die Lust des Fragens, mit der die Schichten der Wirklichkeit in kleinere und größere Einheiten unterteilt wurden, der Anfang eines poetischen Verstehens war. Mit poetischem Verstehen meine ich keineswegs ein Interesse am dichterischen Handwerk. Vielmehr meine ich damit allgemein das Verstehen, das – ausgehend von unserer Neugier, unserem Staunen und unseren Fragen – eine Brücke zum Unbekannten baute, zu jenen äußeren und inneren Elementen unserer Existenz, die wir nie vollständig zu erfassen fähig sein werden. Es ist jedoch ein Verstehen, das Wahrnehmung und Erkennen von dogmatischen und rigiden Vorgaben befreit und uns erfahren läßt, auf wie unendlich viele Arten wir die Welt um uns her sehen und spüren können.

Was das Kind und unsere eigene Kindheit uns fortwährend lehren, ist, daß die Antworten, die wir jetzt geben, das Potential haben, die Fragen zu werden, die wir später stellen. Dieser »poetische« Unterbau ist auch, so glaube ich, die Grundlage für das, was wir als wissenschaftliche Forschung bezeichnen – allerdings eine wissenschaftliche Forschung, die sich die Ehrfurcht vor ihrem Gegenstand, vor der Natur bewahrt hat.

Man könnte den Schluß wagen, daß Ehrfurcht und Bescheidenheit gegenüber dem, was wir wissen, durchaus ein Charakteristikum ist, das wir Erwachsenen von der Neugier und dem Staunen der Kindheit gelernt haben. In ihrem Buch »The Ecology of Imagination in Childhood« (Die Ökologie der kindlichen Vorstellungswelt) spricht Edith Cobb von dieser Erbschaft folgendermaßen:

»Die Fähigkeit, sich die Plastizität der Wahrnehmung und des Denkens zu erhalten, ist das Geschenk der Kindheit an die menschliche Persönlichkeit; diese Wahrheit wird von unserer

Haltung nicht nur gegenüber dem Kind in der Gesellschaft, sondern ebenso gegenüber dem Kind in uns selbst auf das schändlichste verraten.«

Die Plastizität, von der Cobb spricht, ist ein Teil der besonderen Art, wie das Kind versteht und vor allem Verstehen zu erlangen sucht. Die spontanen, ungehemmten Antworten, die Kinder geben, um Phänomene zu erklären, erscheinen reich an wunderbaren und sprunghaften Bild-Erfindungen, wie sie für das frühe Alter typisch sind. Vor wenigen Jahren, als ich mit einer Klasse Sieben- und Achtjähriger das Thema Himmel durchnahm, stellte ich Fragen der Art, die sie sich vielleicht selbst gestellt haben würden.

Wie schwer ist der Himmel?
*Er ist schwerer als ein Kind.*

Wie weit weg ist der Himmel?
*Er ist weiter weg als Indien, Afrika oder der Nordpol.*

Wie fühlt sich der Himmel an?
*Wie Watte, Kissen und alles Weiche.*

Wie würdest du zur Sonne gehen?
*Auf Zehenspitzen.*

Wie groß ist der Himmel?
*Er mißt ungefähr zehn Zentimeter.*
*Er ist etwa so groß wie ein Blauwal.*

Wie klingt der Himmel?
*Er klingt wie ein zwitschernder Vogel.*
*Er klingt wie ein Ozean.*
*Er klingt wie das Aufspringen von Kastanien.*

Wie groß ist der Himmel?
*Er ist größer als ein Planet.*
*Er ist eine Million Meter lang.*

Die Antworten nicht anders als die Fragen rütteln an den Schranken der Realität, so daß, was wir »wissen«, reichere Dimensionen an Möglichkeit gewinnt. Wir alle können »auf Fußspitzen« gehen – aber es wäre in der Tat etwas besonders Verwegenes, sich so der Sonne zu nähern. Die Frage wurde von den Kindern aber ernst genommen (»Wie würdest du zur Sonne gehen?«). Die Art und Weise, wie Kinder denken – bei allem gedanklichen Überschwang und der Fähigkeit, eine Wirklichkeit in eine andere zu transponieren –, nötigt uns Erwachsenen aufgrund ihrer überraschenden Wendungen an scharfsichtiger und poetischer Einsicht allergrößte Achtung ab.

Ich bin davon überzeugt, daß die Triebfeder, die das Kind mit Fragen spielen läßt, das unwiderstehliche Verlangen ist, daß es für diese Fragen Antworten gibt, die unsere Sinne für die Wirklichkeit bereichern. Gewiß werden mit der Frage »Warum?« ganze Bedeutungsmuster aufgelöst und frei auf das Bewußtsein losgelassen. Wir stehen plötzlich wieder einer Wirklichkeit gegenüber, die wir vielleicht nie als etwas Zusammenhängendes erkennen mögen. Für manche Menschen enthält dies eine zu bedrohliche und destabilisierende Zumutung, als daß sie sich für längere Zeit darauf einlassen könnten. Doch für das Kind ist das Bedürfnis zu fragen von überragender Wichtigkeit. Es ist der Beginn, wenn der Vorhang zurückgezogen wird und man sehen kann, was sich dahinter bewegt, es ist das erste Vordringen in Teile des eigenen Selbst, so daß man sehen kann, wer sich dort befindet – oder wie der Dichter Juan Ramón Jiménez fragte: »Wer weiß, was auf der anderen Seite jeder Stunde geschieht?«

Karl Jaspers spricht von einem philosophischen Denken, das nicht systematisch ist, sondern statt dessen in unserem Wunsch nach »Bewußtheit« gründet. Jaspers zitiert ein Kind, das, nachdem es die Schöpfungsgeschichte gehört hatte, in der Gott Himmel und Erde schuf, unmittelbar fragte: »Was war vor dem Anfang?« Er kommt zu dem Schluß: »Dieses Kind hat erkannt, daß es kein Ende des Fragens gibt, daß es keinen Haltepunkt für den Geist gibt, daß keine abschließende Antwort möglich ist.«

Solche Bewußtheit ist, ungeachtet unserer natürlichen Neigung zu dauerhafter und exakter »Wahrheit«, das Rohmaterial unserer poetischen Forschung. Es ist eine Bewußtheit, die sich mit dem mythischen Wunsch berührt, uranfängliche Fragen zu stellen: »Warum hat der Himmel Sterne?«, »Warum ist der Mond kalt?« oder »Warum dauert die Nacht so lange?«

Kinder sind Mythenmacher und untersuchen kritisch den Horizont ihres Wissens. Sie fragen, warum die Dinge so geworden sind, wie sie erscheinen, und schaffen so ein Bild der Welt, das wie alles Leben in steter Verwandlung und Entwicklung begriffen ist. Wenn der Satz von Wallace Stevens zutrifft, daß »Dichtung die Imagination des Lebens« ist, dann sind vielleicht wir, die wir die Dichtung imaginieren, diejenigen, die unablässig Fragen stellen – erst als Kinder und dann als Erwachsene: Fragen, die sich um einen Sinn des Daseins drehen. Unser erstes Schreien, unsere ersten Versuche zu sprechen und unsere ersten Zeichen auf einem Blatt Papier – jede dieser Erfahrungen brachte eine neue Art mit sich, uns selbst und das Leben um uns herum zu befragen. Solche Fragen, ob sie nun beantwortet werden konnten oder nicht, erweiterten uns, denn sie brachten uns der Fähigkeit näher, mit etwas zu leben, das sich unserem Wissen entzog – was ein Licht auf unsere Wißbegierde und unsere schwachen Versuche wirft, dem, was wir fühlen, hören und verstehen, trotz unserer Unwissenheit einen Rahmen zu geben.

Gaston Bachelard sagt in seiner »Poetik des Raums«: »In der Dichtung ist Nicht-Wissen eine primäre Bedingung …« Mit der Frage »Warum?« stellen wir die erste aller Fragen. Und immer noch fahren wir fort, wie das Kind »warum?« zu fragen. Das wärmende Ferment der davon ausgehenden Reflexion hat uns nicht verlassen; auch nach so vielen Tagen und Nächten, die in unserem Leben vergangen sind, ist es noch in uns wach. Sind wir selbst die Frage? Oder ist sie beharrlich bis ans Ende das mahnende Symbol dessen, was wir immer wissen wollten?

»Aber warum?« fragt das Kind wie ein Vogel, der im Frühling ruft – wieder und wieder.

# Kinderfreude

Beim Betrachten von Pieter Brueghels d. Ä. bedeutendem Gemälde »Kinderspiel« aus dem Jahr 1560 erkennt man über zweihundert Kinder, die an achtzig verschiedenen Spielen teilnehmen. Neben der außerordentlichen visuellen Kraft des Bildes kommt einem daraus, wenn man sich nur zu hören getraut, ein gewaltiger Lärm von Kinderstimmen entgegen – kreischend, spottend und lachend. Das unterscheidet sich selbstverständlich wenig von einem gut besuchten Spielplatz heutzutage, wo überall Kinder herumrennen und in ihre wichtigste Beschäftigung vertieft sind: das Spiel.

Wenn wir das Bild von Brueghel genauer anschauen, fallen uns ein paar Kinder auf, deren Gesichter ein frohes Lächeln zeigen – dieses Lächeln ist der Ausdruck der seligen Freuden am Spielen selbst. Gewiß erinnern wir uns an die absolut reinen Momente, da unser Spielen sich anfühlte, als ob wir uns im Mittelpunkt der Welt befänden. Wir waren die Achse geworden, um die sich alles andere drehte. Warum also nicht lächeln, wenn das, was wir taten, so genußvoll war wie das sehnsüchtig erwartete Glas kalten Wassers an einem unerträglich heißen Tag?

Als meine Kinder noch sehr klein waren, verschwanden sie in den Sommerferien gewöhnlich nach dem Abendessen, um mit den Nachbarskindern zu spielen. Manchmal ließ sich nur herausfinden, wo sie steckten, indem wir auf ihr Gelächter horchten. Und was für ein Gelächter: wunderbare Glissandi reinen Glücks, die über die Felder hinklangen. Es waren Laute, so hoch und klingend, daß man sie ebenso für das aufgeregte Singen irgendeiner wunderlichen neuen Vogelart hätte halten können.

Nichts war unpassender, als meine Kinder und ihre Freunde daran zu erinnern, daß es dunkel wurde und sie vielleicht besser nach Hause kommen sollten. Es gab einen kurzen Wortwechsel zwischen uns, währenddessen das Lachen verstummte – ein Kompromiß wurde ausgehandelt –, und dann stieg das Gelächter wieder zu den Baumwipfeln auf und blieb dort oben, bis sie heimkehrten. In diesem Zusammenhang erinnere ich mich an William Blakes Gedicht »Der Amme Lied«:

> Wenn vom Anger ich Kinderstimmen hör
> und Lachen vom Hügel erklingt,
> dann schwillt mir vor Lust das Herz in der Brust,
> und alles andere versinkt.
>
> »Kommt heim, meine Kinder, die Sonne ist fort,
> und Nebel steigen sacht.
> Kommt, das Spiel ist nun aus, und wir wollen nach Haus,
> bis der Morgen wieder erwacht.«
>
> »Nein, nein, nicht so schnell, es ist ja noch hell,
> und die Nacht zum Schlafen ist lang.
> Noch wiegen im Wind sich die Vöglein geschwind
> und die Schafe weiden am Hang.«
>
> »Gut, gut, spielt denn schnell, solang es noch hell,
> doch dann geht's heim zur Ruh.«
> Die Kleinen sprangen und jauchzten und sangen,
> und die Hügel erklangen dazu.

Das Kinderlachen besitzt eine enorme Variationsbreite. Vielleicht findet unser Lachen, indem wir älter werden, zu seinem charakteristischen Ton. Wir erkennen jemanden genauso an seinem Lachen wie an seiner Art des Sprechens. Doch bei kleinen

Kindern sind die Modulationen des Lachens immer noch Teil des Versuchs, verschiedene Gefühle, Einstellungen und Ausdrucksweisen auszuprobieren. Erst neulich, als ich in einem überfüllten Flughafengebäude wartete, hörte ich ein Kind lachen – und jeder, einschließlich mir selbst, drehte sich um. Wir fühlten uns nicht so sehr angesprochen, sondern von dem Lachen selbst hingerissen. Wie eine helle Glocke klang das Lachen über der Menschenmenge und zeigte eine andere Wirklichkeit. Ich dachte: Gleichgültig, wie verworren die Dinge sind, es gibt noch das Lachen des Glücks und einer Unschuld, die offenbar nicht nur von mir als wohltuend empfunden wird. Es erinnerte an die Empfindung, die wir als Kinder hatten, als wir ganz und gar im Spielen aufgingen und nichts anderes zählte. Wie Dylan Thomas in seiner Geschichte »Die Pfirsiche« beschreibt: »Dort, am Abend beim Indianerspiel, fand ich mich selbst genau in der Mitte einer lebendigen Geschichte, und mein Körper war mein Abenteuer und mein Name.«

So war es auch mit dem Lachen des Kindes auf dem Flughafen. Das Kind lud uns in seine Welt ein, geradeso wie sein Lachen von seinem Körper ausströmte. Weil kleine Kinder noch in vollkommener Fühlung mit ihren Empfindungen stehen und der intellektualisierende Charakter späterer Jahre noch nicht Einzug gehalten hat, entspringt ihr Lachen, wie ihr Spiel, der Gesamtheit ihres Körpers.

Doch eher noch als das schallende Gelächter spielender Kinder nach dem Abendessen oder das hypnotisierende Lachen eines Kindes in einem überfüllten Flughafen ist eine andere körperliche Reaktion von Kindern, die für viele Experten, welche sich mit der Entwicklung von Kindern beschäftigen, ein Rätsel geblieben ist: das Lächeln. Wie lernen wir lächeln? Was ist seine Bedeutung?

Wir wissen natürlich, daß das Lächeln ein allgemeines Ausdrucksmittel von Kindern ist – beinahe von Geburt an. Ist das erste Lächeln Zeichen eines beginnenden Sinns für Humor oder hat es mit der Freude und Zufriedenheit des Kindes zu tun? Gewiß trifft letzteres zu, was auch im folgenden Wiegenlied der Inuit zur Sprache kommt:

WIEGENLIED
Es ist mein großes Baby,
Das ich in meiner Kapuze spüre,
Oh wie schwer es ist!
Ya ya! Ya ya!

Wenn ich meinen Kopf wende,
Lächelt es mich an, mein Kleines,
Schön geborgen in meiner Kapuze,
Oh wie schwer es ist!
Ya ya! Ya ya!

Wie süß ist es, wenn es lächelt,
Mit zwei Zähnen wie ein kleines Walroß.
Ah, ich mag es, wenn mein Kleines schwer ist
Und meine Kapuze so voll.

Wir können sogar mit William Blake diese Art des zufriedenen Lächelns die Verkörperung der Freude schlechthin nennen:

KINDERFREUDE
»Ich hab keinen Namen:
Ich bin erst zwei Tage alt.«
Wie nenn ich dich bloß?
»Ich bin froh,
nenn mich so.«
Freude sei dein Los!

Süße Freude!
Freude zwei Tage alt,
Freude nenn ich dich bloß.
Lächle du,
ich sing dazu,
Freude sei dein Los!

Lächeln, ähnlich wie Laufenlernen, stellt sicher eine unserer ersten großen Kontaktaufnahmen mit der Welt um uns herum dar. Wir können darüber spekulieren, ob das Lächeln, unabhängig von seiner Bedeutung, der Versuch des Kindes ist, mit jemandem anderen zu kommunizieren. Ob Mutter, Vater, Fremde oder Fremder, wir reagieren auf das offene Gesicht eines Kindes, wenn es sich in ein Lächeln verwandelt, ebenfalls mit einem Lächeln, und der Drang unsrerseits, das Kind zu weiterem Lächeln zu bewegen, ist unwiderstehlich. Wie viele von uns sind nicht augenblicklich zum Hanswurst geworden, der auf allen vieren wie ein Hund bellt und allerlei mehr oder weniger anspruchsvolle Grimassen schneidet – nur um auf dem Gesicht des Kindes noch einmal ein Lächeln hervorzuzaubern!

Doch das Lächeln, trotz all seines stillen Charmes (und vielleicht Geheimnisses), erscheint nur als Vorspiel zu einem größeren Ausbruch von Fröhlichkeit, wenn das Kind schließlich lacht. Das Lachen kann schlicht dadurch ausgelöst werden, daß das Kind aus seinem Bettchen gehoben und sanft von der Mutter in die Höhe geworfen wird. Ach, daß wir dieses Kind nicht mehr sein können – vollkommen entspannt und vertrauensvoll, wissend, daß wir jedesmal wieder sicher im warmen, weichen Nest der Arme landen und von zärtlichen Worten empfangen werden.

Das kreischende, gurgelnde, kaum noch Luft bekommende Gelächter, wenn das Kind den Überfluß der Bewegung spürt, hoch hinauf und wieder hinunter, ist eine Begrüßung des physischen Universums. Issa, der japanische Haiku-Dichter, hat dies im Sinn, wenn er schreibt:

> Krabble, lache
> Tu, was dir gefällt –
> Denn ein Jahr alt
> bist du heut morgen.

Tatsächlich ist die Fähigkeit zu lachen ein wesentliches Merkmal des menschlichen Lebens, wie es in dieser Sage der Apachen ausgeführt wird:

Der Schöpfer stattete den Menschen mit allen Fähigkeiten aus – Sprechen, Laufen, Sehen und Hören. Doch er war nicht zufrieden, bis der Mensch noch etwas anderes konnte – und das war: LACHEN. Und so lachte der Mensch und lachte und lachte. Und der Schöpfer sagte: »Jetzt bist du zum Leben bereit.«

In der Eigenart des neuen Lachens ist ein besonderes Moment enthalten, das für das Kind von äußerster Wichtigkeit ist, wenn es weitere Ebenen des Lachens in sich entwickeln will. Wir können dieses Moment als die menschliche Gabe bezeichnen, mit dem Erwarteten und dem Unerwarteten zu spielen. Wenn kleine Kinder zum Beispiel gekitzelt werden, dann lachen sie, manchmal mit wilder Ausgelassenheit. Diese Ausgelassenheit rührt von dem her, was James Sully in seinen »Essays on Laughter« (Essays über das Lachen) »grenzenlose Erwartung« genannt hat. Das Kind weiß nicht, wann es das nächste Mal gekitzelt wird – und das Warten darauf, daß die Finger wieder seinen Bauch berühren, ist eine Situation komischster Erwartung. Gleiches gilt für das »Kuckuck«-Spielen. Wann wird Mama ihr Gesicht wieder zeigen? Und wenn sie es tut, obwohl sie doch immer wieder verschwindet, ist sie da – das ist wie Zauberei, immer wieder.

Über den Moment zu lachen, der nicht ganz erwartet war, hat wesentlich mit der Verwandlung des Erwarteten in etwas Unerwartetes zu tun. Mit anderen Worten, wir nehmen die Realität und verändern sie – stellen die Welt gerade soviel auf den Kopf, daß es lustig wird. Ich glaube, daß der Vorgang, in dem wir aus etwas, das eigentlich Sinn hat, »Nonsens« machen, eine der großen Lehren des Spiels ist – die wachsende Begabung des Kindes, Dinge zu transformieren.

Es ist ein faszinierender Anschauungsunterricht in Sachen Humor, mit einer Gruppe von Vier- oder Fünfjährigen zu reden und ihnen von dem Tag zu erzählen, an dem man Hühner sah, die mit Schirmen die Straße hinuntergingen, natürlich, um sich vor der Sonne zu schützen – und jedesmal, wenn es regnete, flatterten sie mit ihren Flügeln und wackelten die Straße hinunter, und die Schirme klapperten hinter ihnen her.

Das Bild einer unvereinbaren Folge von Geschehnissen bringt die Kinder zum Kichern und Lachen, und sie sind voller Erwartung, was als nächstes kommt – wenn die Sonne wieder scheint. Die natürliche Gabe des Kindes, sich an anthropomorphen Phantasien zu erfreuen, in denen schlechterdings alles Ohren und Augen hat, sprechen und fühlen kann, öffnet dem Humor ein weites Betätigungsfeld. Doch müssen wir uns darüber klar sein, daß Erwachsene dasjenige, was ein Kind unwiderstehlich komisch findet, keineswegs so lustig finden mögen. Hier folgen ein paar Ideen von Kindern, die sie in einem Kindergarten über einen besonderen Phantasie-Wurm äußerten. Als die Kinder sich darüber austauschten, kam es immer wieder zu plötzlichen Ausbrüchen gemeinsamen Gelächters.

> Dieser Bus fährt zum Zoo. Der Bus fährt sehr schnell. Der Schulbus fährt zum Garten, dreht und parkt. Der Wurm ist der Busfahrer.
> *Shamarie*
>
> Der Wurm öffnete seine Tür
> und sah seine Blume.
> Er verlor sie, doch dann
> fand er sie wieder.
> *Omar*
>
> Er wußte nicht, wie er aufstehen sollte, darum ist er so komisch um die Ecke geschlichen.
> *Sarah*
>
> Er windet sich, weil er ein Jucken hat, das er nicht kratzen kann.
> *Christopher*

Wir können davon ausgehen, daß Kinder ohne Spiel nicht in der Lage sind, in den verschiedenen Wirklichkeiten ihrer Welt eine Balance zu finden. Gewiß ist ein Kind ohne Spielerfahrung, die erlaubt, Dinge in einem komischen, leicht verrückten Zusammenhang zu sehen, nicht in der Lage, eine Welt zu verstehen, die (wie wir nur zu genau wissen) alles andere als ein Hort der Stabilität und Zufriedenheit ist. Ein großer Teil kindlicher Komik und das wildeste Gelächter entstehen, wenn das Kind versucht, sich einen Reim auf das komplizierteste Wesen in seinem Leben zu machen: Erwachsene.

ERWACHSENE
Erwachsene sind blöd,
Sie trinken nie Kaffee
Wenn er ihnen
Gebracht wird.
Sie reden nur
Und trinken nicht
Bis er kalt ist.
Ist das nicht blöd?

Ich bin nicht mehr gewachsen
Seit ich fünf bin.
Ich bin kein Stück mehr gewachsen –
Die Erwachsenen werden einfach nur kleiner.
*Marc Dustin, 10 Jahre*

DER LEHRER
Der Lehrer hat eine Stinkwut
Wie ein Bulle.
Er knurrt und brüllt
Wie ein Tiger,
Er stampft auf und dreht durch
Und manchmal ist er froh
Daß er genau das getan hat.
*Bruce McGregor, 11 Jahre*

Das Gedicht über den Lehrer habe ich häufig Kindern aller Altersstufen vorgelesen – die schiere Begeisterung, zu hören, wie ein anderes Kind die Autorität (und oft mit gutem Recht) herausfordert, bringt die Kinder aus dem Häuschen, und sie rufen: »Noch mal, lesen Sie's noch mal!« Und jedesmal, wenn ich es vorlese, nimmt das Gelächter im Raum zu. Irgendwann habe ich gemerkt, daß ich beim Vorlesen dieses Gedichts manchmal ein bißchen wie der Lehrer werde: Meine Stimme wird tiefer, und meine Augen treten etwas vor. Das ist für die Kinder nicht weniger faszinerend als der Text, denn ich bin, ohne es zu merken, zum Clown geworden. Für jedes Kind muß die Welt sich manchmal wie in einer Zirkusmanege darstellen, ebenso drastisch und burlesk, denn dies hilft dem Kind, das Gleichgewicht in der Wirklichkeit zu finden. Wie Margaret Lowenfeld in ihrem Buch »Play in Childhood« (Spiel in der Kindheit) schreibt:

> Clownerie ist ein wesentlicher Bestandteil jeder guten Erziehung. Sich über Unerwartetes freuen zu können, das Unpassende, Unangemessene und Groteske wahrnehmen und begrüßen zu können ist eine gute innere Ausstattung, um sich in einer so seltsamen Welt wie der unseren zurechtzufinden.

So wie das Beste im Zen uns zu lachen lehrt, so lehren uns die Kinder, nicht alles, was ernst ist, auch ernst zu nehmen. R. H. Blyth, Zen-Übersetzer und Lehrer, sagt:

> Lachen ist ein Zustand des Hierseins und zugleich des Überallseins, eine unendliche und zeitlose Ausdehnung des eigenen Selbst, das gleichwohl unveräußerlich uns zugehört. Wenn wir lachen, werden wir frei von der Tyrannei unserer Persönlichkeit oder der anderer, ja sogar frei von Gott, der in der Tat mit dem Lachen vertrieben wird.

Eines Abends ging ich in einem Restaurant essen. Ich saß an einem Tisch in der Nähe von zwei Kindern, die vielleicht sechs oder sieben Jahre alt waren. Inmitten der steifen Atmosphäre elegant gedeckter Tische begannen die Stimmen der Kinder etwas zu verändern:

Erstes Kind: Warum wurde das Mädchen rot, als sie den Kühlschrank geöffnet hat?
Zweites Kind: Weil sie die Salatsoße gesehen hat.

Grinsen, schwer zu unterdrückende Kicheranfälle – und ein warmes Lachen von jedermann, der in Hörweite saß: Die Welt schien für einen Augenblick wieder ins rechte Lot gebracht zu sein.

Wir wachsen an unserem Lachen genauso wie an unserer Ernsthaftigkeit – und das Kind, das die Magie des Humors entdeckt, gewinnt eine neue Ebene, von der aus es seine Erfahrungen betrachten kann. Welche neuen Erwartungen liegen vor einem Kind, das, und sei es nur mit den Augen, zu lachen gelernt hat? Welche unerwarteten Momente müssen jetzt noch eintreten? Wie schön war die Zeit, als unser Spielen ein Lächeln auf dem Gesicht unseres Lebens war?

# Einen Hut aufprobieren

Die meisten von uns sind als kleine Kinder in die Schuhe unserer Eltern geschlüpft und haben ihre Hüte aufgesetzt, um dann im nächsten Spiegel das Resultat zu bestaunen. Wir wanderten im Zimmer umher und taten so, als ob wir unsere Mutter oder unser Vater oder sonst jemand wären, der deutlich größer war als wir selbst. Mein Vater besaß einen Matrosenhut, den er beim Angeln trug, und ich erinnere mich, daß ich sehr stolz war, als ich ihn aufgesetzt hatte – als ob ich mein Vater oder ein Schiffskapitän wäre. Auch heute noch beobachte ich meine jüngste Tochter, die kaum anderthalb ist, wie sie versucht, sich ihre bunte Stoffkappe aus Guatemala aufzusetzen. Wenn es ihr gelingt, stolziert sie durchs Wohnzimmer wie ein Vogel mit neuem Federkleid. Sie kann uns ihre Empfindungen nicht in Worten mitteilen, doch in ihr Gesicht steht das reine Vergnügen geschrieben.

Erst kürzlich kam ich in einer Schule, in der ich unterrichte, am Klassenzimmer einer 6. Klasse vorbei. Eine Schülerin hatte sich eine lange Bahn aus grell-gelbem Stoff über ihre Bluejeans und ihr Sweatshirt drapiert und erklärte mir, sie wäre »Die Wüste Sahara«. Sie schwebte traumgleich ins Klassenzimmer zurück, wo ihre Klassenkameraden, mit afrikanischer Kultur beschäftigt, ebenfalls bunte Tücher und Kopfbedeckungen trugen. Dies erinnerte mich daran, daß ich eine Zeitlang während des

Unterrichtens meinen Schülern zum Spaß mein Jackett oder meine Krawatte, sogar meine Armbanduhr oder meine Brille anbot. Die demonstrative Veränderung in ihrem Benehmen, die plötzliche Vorführung erwachsener Verhaltensweisen erregte oft größte Heiterkeit.

Man muß nicht lange suchen, um bei Kindern das Potential zur Komik voll erblüht zu sehen. Sie greifen nach allem und jedem, was in ihrer Reichweite ist, um einen Spaß daraus zu machen. Eltern sind nicht selten Zeuge, wie ihre Kinder aus irgendwelchen entlegenen Truhen und Schränken eine möglichst unpassende Kombination von Kleidungsstücken hervorkramen und sich damit ausstaffieren – um dann mit großer Akribie einen Tag in ihrem Familienleben darzustellen. Kein Detail wird weggelassen, von Mamas Widerwillen gegen Katzen bis hin zu Papas Vorliebe fürs Telefonieren – alles, von dem wir geneigt waren anzunehmen, die Kinder hätten es nicht bemerkt, ist genauestens registriert und in seiner komischsten Ausformung vollendet worden. Die Beherrschung des Timings, der richtigen Gesten im richtigen Moment, ist nicht selten bezwingend und – falls es Sie nicht einschüchtert – ein großer Lacherfolg.

Wenn wir zurückdenken, dann erinnern wir uns, wieviel Zeit wir in der Kindheit damit zubrachten, jemand anderes zu sein und stundenlang in unserem Ich einer Menge von phantasierten Figuren Platz machten, die uns als reale Personen ängstigten, faszinierten oder Rätsel aufgaben. Alles, was wir brauchten, war ein Zylinder (und alles, was sonst noch eine Figur repräsentieren mochte), und innerhalb von Sekunden ging der Vorhang vor unserer Phantasie auf. Wer immer wir werden wollten, wir wurden es, und dabei spielte es keine Rolle, ob wir Publikum hatten oder nicht. Der Spaß an der Sache war, in eine andere Identität zu schlüpfen, gleichgültig, ob nur für uns selbst oder öffentlich.

Wo kommt diese dramatische Gabe her? Ist sie Teil unserer Kultur oder eine allen Menschen wesentliche Fähigkeit? Ich glaube das letztere, denn lange, bevor es so etwas wie Theater gab, wurden Masken und Tierhäute zur Verkleidung benutzt, um das Wesen eines Gottes, Geistes oder Geschöpfs der Wildnis anzunehmen. Auf diese Weise versuchten wir Menschen, das Unbekannte gewogen zu stimmen, Wunden zu heilen, uns unseres Platzes unter den anderen Lebewesen zu versichern.

Dieser Glaube an die Magie der Kostümierung und des Schmucks kam aus dem kindlichen Spieltrieb, aus dem Verlangen, etwas glauben zu machen. Man fragt sich, wie dieser Spieltrieb in unserer Spezies entstanden ist, aber es läßt sich vermuten, daß seine Entwicklung mit dem Reifen der Intelligenz zusammenhing. Das Spielen war unsere geheime Waffe, als wir neue Möglichkeiten jenseits des festgelegten Verhaltens ausprobierten. Wenn ich einen Moment meiner Phantasie freien Lauf lasse, dann stelle ich mir vor, daß das Spiel auch zufällig entdeckt wurde, etwa als eine Gruppe von Kindern, die Holz sammelte, die Äste den Älteren zeigte. Die Älteren dachten vielleicht, daß die Kinder, die die Äste in die Höhe hielten, wilde Tiere geworden waren – die gleichen geweihtragenden Geschöpfe, mit denen sie jeden Tag zu tun hatten. In einem verblüffenden Moment war die Erscheinung von etwas zu etwas anderem geworden, indem eine Art Verkleidung stattgefunden hatte. Die Illusion hatte begonnen.

Das Mädchen in dem gelben Schal und die Kinder, die Jacken oder Hüte ihrer Eltern tragen, tun das, was Kinder überall in der Welt tun – sie probieren gleicherweise an und aus, wie sich andere Wirklichkeiten anfühlen. Phantasie ist die Erlaubnis zu sehen, was ein Hut, eine Jacke, ein Schal ist, und Kinder werden zu Schauspielern in ihrem eigenen nach vorn drängenden Leben. Sie brauchen kein besonderes Talent für das, was sie tun, da sie eines der ältesten Rituale der Kindheit wiederholen – im Spiel die Figuren zu erfinden, in deren Identität sie versuchsweise schlüpfen. Ihr Spiel ist sowohl Probe wie Wirklichkeit: eine Bühne, die sich in etwas anderes verwandelt.

# II
# Lernen und Erinnerung

# Der Pulsschlag des Lernens

Es war an einem jener warmen Sommerabende. Ich brach nach Hause auf und sah am Eingang des Parks, in dem ich gesessen hatte, drei kleine Kinder, die Glühwürmchen nachjagten. Es wurde langsam spät, aber ich blieb doch noch, um ihnen zuzusehen. Die Kinder waren völlig vertieft in das, was sie da taten: Ihre Arme sausten durch die Luft, ihre Hände reckten sich vor beim Versuch, ein Glühwürmchen zu fangen; ihre Körper bogen und streckten sich, wenn der ihnen entgangene Leuchtkäfer wenige Schritte vor ihnen plötzlich wieder auftauchte; ihr erregtes Flüstern erfüllte die Stille um uns herum. Ziemlich unerwartet lief eines der Kinder, das glaubte, einen gefangen zu haben, zu ihrem Vater nahebei – stolz öffnete sie ihre Hand, um ihm zu zeigen, was sie darin hatte. Sie und ihr Vater schauten, aber da war nichts als ihre leere Handfläche. Das machte nichts, schnell rannte sie wieder zu ihren Freunden, denen vor lauter Hüpfen und Jagen ganz schwindlig werden mußte. Doch es war ein unwiderstehlicher Anreiz herauszufinden, wie es sich wohl anfühlte, einen Lichtpartikel in der bloßen Hand zu halten.

Es war vielleicht nur ein Augenblick – doch die Poesie darin hielt mich gebannt. Es war anrührend, wie die Kinder vollständig in ihrer Beschäftigung versunken waren. Für eine kurze Zeit schienen sie ein Lernen zu verkörpern, in dem kein Teil ausgeblendet blieb. Alles – Sinne, Bewußtsein und Gefühle – war in ausgewogener Konzentration; und diese Elemente voneinander zu trennen hätte bedeutet, den Kindern die Möglichkeit zu nehmen, auf vollkommen natürliche Weise etwas Neues zu entdekken. Die Einheit dieser Triade ist die wesentliche Voraussetzung für diese Art von Lernen – ein Lernen, das im kindlichen Spiel am offensichtlichsten ist. Ich suche nach wie vor nach einem Weg, wie sich dieses Lernen als ein anerkannter und geförderter Teil in unsere Erziehung integrieren läßt. Keine leichte Aufgabe, da unser heutiges Erziehungssystem eher darauf aus ist, unsere Lernfähigkeiten zu separieren, statt sie zusammenzuführen.

Wie ernüchternd ist es für viele Kinder in unseren Schulen, wenn sie nach dem Kindergarten (manchmal auch schon eher) feststellen müssen, daß die Grundvoraussetzung, um in der Schule Erfolg zu haben, auf der Trennung von Spiel und Arbeit, Phantasie und Wirklichkeit, Gefühl und Erkenntnis beruht. Wie verwirrend muß es für Kinder sein, wenn sie erfahren, daß es nicht ihre Sinne (also nicht ihre Körper) sind, womit sie lernen, sondern daß das wahre Lernen nur in den Zitadellen ihres Denkens stattfindet.

Unglücklicherweise trifft für die Mehrheit der Kinder zu, daß sie, um in der Schule voranzukommen, zu passiven Lernern werden müssen. Sie dürfen nicht erfinden oder selbst entdecken, sondern müssen nachmachen und Vorgekautes schlucken. Sie dürfen nicht fragen und zweifeln, sondern müssen akzeptieren und gehorchen. Ein solches auf Passivität aufbauendes Schulsystem hat ein Dilemma hervorgebracht, das die Pädagogen kaum lösen können: Wie läßt sich die alles ansteckende Langeweile überwinden, die Schüler (wie Lehrer) befällt, nachdem das Lernen von seinen Wurzeln, von Neugier und Phantasie, getrennt wurde – getrennt von seinem Ursprung, in dem die Kinder ebenso denken und fühlen wie sie spielen und arbeiten?

Mit unserer Betonung des verstandesmäßigen Lernens verwerfen wir, was Kinder über das Lernen bereits wissen – nicht als intellektuelle Festlegung, sondern als intuitives Verstehen ihrer eigenen Welt. Bei den meisten Kindern zeigt sich der Lerninstinkt, das aktive und begeisterte Erfassenwollen, am deutlichsten in ihren frühsten Jahren, wenn sie zu gehen und sprechen – und ebenso wichtig: zu spielen – anfangen. Sofern die stützenden menschlichen Primärbindungen einigermaßen intakt sind, entsteht in den Kindern der natürliche Wunsch zu lernen quasi von selbst – sich aus eigenem innersten Lern- und Überlebensantrieb in der Welt zu bewegen, die sich um sie herum und in ihnen entwickelt. Dieser Antrieb ist nicht so sehr »angelernt« als vielmehr instinktiv; er entsteht in den Kindern gerade deshalb, weil er für ihre Existenz unabdingbar ist: nicht vor allem für die körperliche Existenz, sondern für eine Existenz, die sich ihrer selbst bewußt wird.

Mit anderen Worten entfaltet sich in den Kindern ein Sinn für das Innere und das Äußere, für Gedanken und Gefühle, für den Körper und das Selbst, so daß, wie der Same die Gestalt des Baumes in sich trägt, sie die Gestalt ihrer menschlichen Bewußtheit in sich tragen.

Die entscheidende Frage lautet: Wie bringen wir instinktives Lernen in die Schule? Wie läßt sich Lernen als aktives, leidenschaftliches Anliegen beibringen? Wie läßt sich die zerbrochene Triade wieder zusammenfügen?

Um den Schlüssel dafür zu finden, müssen wir zu den Anfängen unseres Lernens zurückkehren – zu der Zeit, als wir (wie beim Fangen der Glühwürmchen) mit unseren Händen und Füßen lernten und mit der ganzen sinnlichen Erfahrungsmächtigkeit unseres Körpers die Welt um uns herum erforschten. Wir müssen an jene Augenblicke denken, die nicht als Lernen definiert sind, doch deren Bedeutung noch in uns wirksam ist: als wir durch den Schnee gingen und auf das Geräusch unserer Schritte lauschten, als wir von einer Welle im Meer umgeworfen wurden und keine Luft mehr bekamen. Wir müssen uns daran erinnern, daß im Kindesalter Lernen kein linearer Vorgang ist – es ist ein Lernen, wie die Romanautorin Eudora Welty in »One Writer's Beginning« (Wie ich zu schreiben begann) festgehalten hat, das »einen durch seine Momente prägt. Es ist kein stetiger Fluß. Es ist ein Pulsschlag.«

Weil noch keine Grenzen errichtet waren, mußte auf alles gehört – mußte sozusagen alles in den sicheren Gewahrsam des Bewußtseins gebracht werden. Wissen war keine Sache, die in zusammenhanglose Gedanken zersplitterte, Imagination unterschied sich nicht von der Wirklichkeit, und Spiel war die Arbeit, mit der wir uns am besten auskannten. Wir waren Sinneswesen, verbunden mit den Sprachen der Ideen- und der Gefühlswelt. Wir wußten etwas über die Dinge, indem sie Empfindungen in uns auslösten.

Und das Empfindungsvermögen war es auch, was uns ermöglichte, uns in vieles, das uns umgab, einzufühlen. Wenn wir Erzählungen zuhörten, wurden wir der Wind und die Sonne und die Schlangen und die Helden. Wir konnten mit Katherine, einem sechsjährigen Mädchen, glauben, wenn sie schrieb: »Vor langer, langer Zeit konnten die Menschen die Sterne und den Himmel sehen und fühlen, denn der Himmel war unten, so daß die Menschen ihn anfassen konnten.«

Katherine spricht hier eine Wahrheit aus, daß Kinder – wie wir selbst – am tiefsten und persönlichsten lernen, wenn ihre Gedanken von Gefühlen begleitet werden und die Ganzheit ihres Körpers mit den Ideen korrespondiert. Thoreau wies darauf hin, daß »Gedanken mit der Vitalität des Körpers leben und von ihm inspiriert sein müssen.« Ganz ähnlich sagt Emily Dickinson:

> Wenn ich ein Buch lese und es erfüllt meinen ganzen Körper so mit Kälte, daß kein Feuer mich mehr aufwärmen kann, dann weiß ich: Das ist echte Dichtung. Wenn ich körperlich ein Gefühl habe, als ob sich die Schädeldecke von meinem Kopf abhebt, weiß ich: Das ist echte Dichtung. Nur auf diese Art vermag ich Dichtung zu erkennen. Gibt es irgendeine andere?

Dickinsons Frage veranlaßt mich zu der Antwort, daß es für das Lernen von wesentlicher Bedeutung ist, ob wir in ihm selbst einen poetischen Akt sehen – ob wir im Lernen das künstlerische Element wieder zum Vorschein bringen. Wir müssen im Lehren einen tiefen Respekt vor der Kunst wiedergewinnen, welche das Lehren ist, und ebenso die Einsicht, daß der künstlerische Akt, wenn er gelingt, die Triade des Lernens umfaßt, so daß Bewußtsein, Körper und Gefühl eine Einheit bilden. In seinem Buch »The Aims of Education« (Die Ziele der Eriehung) hebt Alfred North Whitehead die Notwendigkeit hervor, dieser Triade des Lernens Vorrang in der Erziehung und Bildung einzuräumen:

> Man darf den saumlosen Mantel des Lernens nicht auftrennen. Was Bildung und Erziehung vermitteln müssen, ist ein innerster Sinn für die Macht und die Schönheit der Ideen und für die Struktur der Ideen – verbunden mit einem spezifischen Wissensschatz, der sich besonders auf das Leben der Person bezieht, die darüber verfügt.

Wir müssen, wie Whitehead feststellt, uns des »Lebens« des Lernenden mehr bewußt werden – uns bewußt werden, daß jemandes Gedanken und Ideen Manifestationen des Lebens sind und wie alles Lebendige dem Pulsschlag des ganzen Körpers unterliegen, den wir als menschliches Lebewesen zu betrachten uns angewöhnt haben. Ich kann nicht umhin zu bemerken, daß der Begriff »menschliches Lebewesen« in sich selbst etwas Aktives ausdrückt, etwas, das sich bewegt. Das Herausstreichen dieser Möglichkeit aber heißt, daß der Austausch ebenso wie das Verfertigen von Gedanken und Ideen eine Zusammenführung alles dessen ist, was in uns und in anderen lebendig ist, so daß unsere Gefühle, unser Bewußtsein und unser Körper nicht weniger sind als eine individuelle Integration, durch die sich die Bewegung des Lebens selbst zum Ausdruck bringt.

Ich frage mich, ob die Kinder immer noch jenen Glühwürmchen im Park nachjagen. Seit ich sie gesehen habe, sind einige Tage und Nächte vergangen – und ich nehme an, daß sie mittlerweile anderen Faszinationen erlegen sind. Dennoch bin ich mir ziemlich sicher, daß in der Erinnerung dieser drei Kinder das Blinken der winzigen Lichter, die so sonderbar im Dunkel hin- und hersausten, noch lebendig ist. Ich bin mir ziemlich sicher, daß in jedem der Kinder etwas Neues begonnen hat und fortfährt, sie mit der Erregung und der Lust zu erfüllen, die mit dem Kennenlernen der Welt verbunden sind. Die Schatten ihrer aufgeweckten Geister – die Poesie ihres Wissens – sagen uns manches darüber, wie wir lernen können, mit ihnen.

# Die Erinnerung des Kindes

## Gedanken über poetische Bedeutung und Denkweise

Ich war schon immer vom Spiel der Kinder fasziniert. Insbesondere fasziniert mich die Fähigkeit der Kinder, mit dem Gegenstand ihres Spiels zu verschmelzen. Wenn ein Kind zum Beispiel mit einer Spielzeug-Feuerwehr spielt, dann liegt es bäuchlings auf dem Boden und schiebt das rote Feuerwehrauto. Das Schieben des kleinen Autos ist aber keineswegs alles – denn das Kind macht das Geräusch der heulenden Sirene nach, das gutturale Stottern des Motors, und – wenn wir nur genau genug zuhören – die erregten Gespräche der Feuerwehrleute auf ihrem Weg zu dem imaginären Brandherd. In dem Moment des Spiels mit dem Feuerwehrauto wird das Kind selbst zum Gegenstand seines Spiels.

Die Gabe, zu etwas oder jemand anderem zu werden, als wir sind – indem wir uns vom Gegenstand des Spiels verwandeln lassen oder ihn selbst verwandeln, so daß wir der Gegenstand werden –, ist das Zentrum unserer Phantasie. Ich glaube, ohne dieses Spiel stünde die Existenz unserer Phantasie selbst auf dem Spiel.

Für mich, der sich als Lehrer damit beschäftigt, vor allem mit den Mitteln poetischen und mythischen Denkens das Phantasieleben der Kinder zu fördern, sind die Kraft und Wichtigkeit des Spiels von wesentlicher Bedeutung. Weil unsere Schulen von der Grundschule bis zum Gymnasium nur geringe oder gar keine Versuche unternehmen, den Prozeß des Spielens (oder imaginative Prozesse allgemein) in den Lern- und Lehrplan aufzunehmen, haben Kinder ebenso wie Erwachsene kaum die Möglichkeit herauszufinden (oder wieder zu entdecken), in welchem Ausmaß das kindliche Spiel mit all seiner Aufnahmefähigkeit nicht nur wichtig für das erwachsene Leben ist, sondern wesentlich für das Wachstum des eigenen Bewußtseins und des Denkens.

Ich bin auf ein interessantes Phänomen gestoßen, als ich Schüler eines Gymnasiums unterrichtete, die zwischen elf und dreizehn Jahre alt waren. Ich wähle oft Themen wie »die Erde« aus, um dem neuen Lernen einen Bezugsrahmen zu geben. Durch Sagen, Poesie und unsere Gespräche entlocke ich ihnen ein Gespür für die Erde, wie sie vor Millionen von Jahren war. Wie sich diese Schüler für eine andere Art des Denkens öffnen, ist nicht so sehr, daß wir uns gegenseitig Gedanken über die Erde mitteilen, sondern daß ich konkrete Gegenstände mitbringe: eine Adlerfeder, das Skelett eines Seepferdchens, einen versteinerten Fisch oder eine blühende Blume. Ihr Staunen bezieht sich ganz und gar auf das Objekt als solches. Plötzlich gibt es da inmitten all unserer Wörter und Wissenslust einen isolierten Gegenstand, der sich anschauen läßt und, noch wichtiger, Anlaß für Phantasien ist. Wir spielen dann mit Fragen wie:

»Was sieht der Adler, wenn er über der Erde fliegt?«

»Kann das Seepferdchen sich vorstellen, wie der Ozean entstand?«

»Einst wurde der Gran Canyon von einem riesigen Meer überflutet: Wie kann ein einzelner Fisch als Erinnerung an diese Zeit bis heute überleben?«

»Wie erinnert uns die Farbe und Gestalt dieser Blume an Blumen, die vor uns auf der Erde waren? Gab es eine Zeit, als es keine Blumen gab?«

Ich beobachte bei den jungen Schülern ein verhaltenes, aber stetiges Bedürfnis, mit Ideen zu spielen, das kleine Kind zu werden, das sie einmal waren, das mit einer Feder oder einer Blume spielt und in die Welt eintritt, die von der Feder und der Blume repräsentiert wird. Und noch etwas anderes passiert: Während wir mit den Gegenständen spielen, überraschen sich die Schüler selbst und auch ihre Klassenkameraden mit den Dingen, die sie sehen. Da sie in einem städtischen Umfeld leben, sind sie erstaunt über die Details ihrer Beobachtungen, wie die Erde vor einer Million Jahren ausgesehen haben mag oder wie das Drama der Entstehung der Meere vonstatten ging. Keiner von ihnen war dabei, doch der Vorstellungsakt befähigt sie, sich Welten vor Augen zu führen, die sich nicht bewohnen lassen – es sei denn in der Phantasie.

### Das Gefühl der Erde

Mein Gefühl als Erde, wenn ich Winterschlaf halte und der Regen fällt und der Wind weht, wäre so, als ob kleine Steine auf mir landen, und die Wolken sind wie durch Wörter aufgeblasen, wie Sprechblasen.
*Alex*

Die Wurzeln hören verschiedene Sachen auf ihrem Weg in die Erde. Weiter unten hören sie vielleicht Tiere oder Insekten, die durch den Boden kriechen. Weiter oben hören sie vielleicht Regen oder wie sich die Erde verschiebt.
*Linda*

### Wie fing alles an?

Alles war gelb. Es gab nichts als ein bedeutungsvolles Leuchten, wie von einem Geist oder von einem friedlichen Wesen. Und es war in einer anderen Dimension, nicht die Art, die wir heute kennen. Es gab keinen Tag, und es gab keine Nacht. Doch komischerweise gab es eine Sonne und einen Mond. Aber das waren nicht unbedingt die Sonne und der Mond, sie waren eher wie Geister. Und sie halfen alle, eine unbekannte Dimension zum Leuchten zu bringen und daß seltsame Dinge geschahen.
*Tanaka*

Wirbeln, Zwirbeln
leuchtender Farben.
Dann gab es diesen leisen summenden Ton.
Menschlich.
Dann einen hohen Ton.

Da geschah es –
die Erde entstand aus kleinen Flecken.
*Guy*

Es stellt sich die Frage, wie Kinder, wenn sie sich einem Gegenstand oder dem Bild eines Gegenstands innerlich anverwandeln, auf unbewußte Weise (wie es nur der Körper kann) an eine biologische Erinnerung unserer kollektiven Vergangenheit herankommen. Im Spiel stoßen wir auf jene tiefer gelegenen Schichten des Denkens und Fühlens, in denen unsere menschliche Vergangenheit mit dem prähistorischen Aufruhr des Erdanfangs in Verbindung steht.

Selbst bei jüngeren Kindern beobachten wir Verbindungen zu den tieferen Schichten:

> Das Wasser in meinem Körper findet sich schön. Es ist in meinen Fingern und meiner Handfläche. Es ist schön, tief und leuchtend rot mit Flecken von Lila, Blau und Grün. Sie reden darüber, meine Muskeln zu lockern, denn das können sie, wann immer sie wollen. Sie sind sehr glücklich, daß sie in meiner Hand zu Hause sind.
>
> Wenn ich Wasser trinke, geht es in meine Hand, aber wenn das Wasser in mich hineinkommt, ändert es seine Farben, wie Gold, Violett, Grau usw. Wenn das neue Wasser das alte Wasser berührt, vermischen sich die Farben. Das heißt, daß sie sich mögen, und wenn sie sich mögen, reden sie. Sie reden über die Schönheit und andere schöne Dinge. Dann bin ich am glücklichsten.
>
> *Olivia, 8 Jahre*

> Der Wind ließ Farben entstehen,
> dann verschwand er in den Augen
> der großen Nacht.
> *Lynette, 9 Jahre*

Diese Kinder sind fähig, die poetische Ähnlichkeit der Dinge zu benennen. Indem sie sich nicht nur mit ihrem Intellekt, sondern mit den Fibern ihrer inneren Gefühle und Intuition erinnern, rufen sie etwas herauf, das wir kennen, zu dem wir aber kaum Zugang haben – außer in der unbewußten Sprache des Traums. Wenn wir Poesie als eine Art Loslassen der starren und hektischen Regeln der Wirklichkeitsroutine definieren, so daß Gegenstände, Geschehnisse und Erfahrungen in einem anderen Kontext erscheinen, dann geht vom Spiel der Phantasie der ursächliche Impuls für eine zuinnerste Poesie des Lernens aus.

Diese Poesie schafft eine Beziehung zwischen uns selbst und dem, was existiert und was immer existiert hat. Rilke sagt: »Die Aufgabe des Dichters ist es, die versunkenste Vergangenheit mit der fernsten Zukunft zu verbinden.« Die »versunkenste Vergangenheit« wohnt in jedem Kind als Teil unseres gemeinsamen biologischen Erbes. Wie Lynn Margulis in ihrem Buch »Symbiosis and Evolution« schreibt: »Jede Form des Lebens auf der Erde – Eiche und Elefant, Vogel und Bakterie – hat einen gemeinsamen Ahnen mit jeder anderen Form …« Selbst die Sprache, die wir sprechen, hat eine biologische Herkunft, nicht unähnlich der, die William Carlos Williams beschrieb: »Erde, geschwätzige Alte, Mutter aller Rede.«

Im Spiel betritt das Kind eine Bewußtseinsstufe, die Zugang zu einem Gedächtnis hat, welches es nur im Spiel gibt. Dieses Gedächtnis ist enorm, denn es enthält nicht nur persönliche Erfahrungen, sondern ebenso eine Verbindung zu Gefühlen und Erinnerungen, die das Kind weder erklären noch verstehen kann. Das Kind ist zu einem Hörer geworden, der durch sich selbst ausspricht, was er gehört hat, jedoch noch nicht bestimmen kann – ein Wissen, das unbewußt ist, aber erwacht.

In »Psyche und Symbol« sagt Jung, daß »das Kind ein seelisches Leben hat, bevor es Bewußtsein hat«. In seiner Abhandlung »Analytische Psychologie und Erziehung« stellt er fest: »Das Unbewußte ist die immer-schöpferische Mutter des Bewußtseins. Bewußtsein wächst aus dem Unbewußten in der Kindheit, ebenso wie in der vorgeschichtlichen Zeit, als der Mensch Mensch wurde.«

Wir müssen unseren Kindern erlauben, sich im Spiel heimisch zu fühlen. Ja, noch mehr, wir müssen das Spiel ihrer imaginativen Kraft nicht nur in der Kindheit ermutigen, sondern als wachsende Quelle der Einsicht und Ausdrucksfähigkeit ihr ganzes Leben hindurch fördern.

Für einige Monate arbeitete ich in einer 5. Klasse in einem Teil von New York, der von endlosen Straßenzügen beherrscht war und wenig mehr versprach als weitere endlose Straßen. In dieser Klasse nahmen wir das »Meer« zur Grundlage unseres Spiels. Ich brachte ein Gedicht des französischen Dichters Guillevic mit:

> Wenn du dich nach dem Meer sehnst,
> nimm deine offene Hand
> und sieh sie an.

In der Klasse gab es ein Mädchen, das von den Kameraden gemieden wurde, weil es so viel vor sich hinträumte. Ich glaube, die Tagträume waren für sie die »offene Hand« – sie verwandelten ihre unbewußte Welt in das Bewußtsein von etwas Gesehenem und Erlebtem. Eines Tages schrieb sie:

> Der Mond steigt ins Wasser.
> Das Wasser spritzt auf
> in vielen bunten Farben.
> Der Mond tanzt
> immer im Kreis.
> Plötzlich fliegt ein Stück
> vom Mond fort.
> Die Schwärze der Erde
> tanzt wunderschön.
> *Catherine*

Catherines Gabe war nicht so sehr, das Gedicht zu schreiben, sondern das Spiel ihrer Phantasie, in dem sie zum Mond und zur Erde wurde. Sie hatte etwas erkannt, und ihre Erkenntnis schloß die empfindliche Balance zwischen Unbewußtem und Bewußtem ein, dessen, was wir wissen und nicht wissen und was uns näher zu der Natur bringt, die wir sind.

Wallace Stevens äußerte die Vermutung, daß »das Gedicht eine vom Dichter geschaffene Natur« ist. Aber ist das Gedicht nicht die Natur, in der unser ganzes Selbst existiert und in die wir eintreten müssen, so wie das spielende Kind, um herauszufinden, was dort lebt? Kerry erinnert uns daran, daß unser Gedächtnis vielleicht Teil einer viel größeren Erinnerung ist, die sich durch uns entfaltet.

Gedichte in deinem Kopf –
Sie waren immer schon da,
seit dem ersten Tag der Geburt.
*Kerry, 9 Jahre*

# Tagträume ausleben

Einmal hatte ich Gelegenheit, mit Kindern von New Yorker Schulen eine Reihe von Workshops zum Themenkomplex Traum abzuhalten. Dabei interessierten mich keine therapeutischen oder analytischen Aspekte, sondern ich wollte den Traum schlicht als Ausdruck menschlichen Denkens betrachten, insofern es Verbindung mit poetischen und imaginativen Prozessen hat.

Ein Teil meines Wunschs, gemeinsam mit Kindern das Träumen zu erforschen, hing mit meiner Abneigung gegen das rigide Denkschema zusammen, das ihnen in ihrem Schulleben aufgedrückt wird. Faktenwissen, Beurteilungskriterien wie richtig oder falsch, Ausschaltung der Gefühle und Sterilität der Wahrnehmung sind so ziemlich das einzige, was die meisten Kinder in der Schule vermittelt bekamen. Kaum jemals wird jenem Aspekt der Kindheit Aufmerksamkeit geschenkt, in dem Träumen mit einem fließenden inneren Bewußtsein zusammenhängt, das, ähnlich dem Spiel, ein notwendiges Mittel ist, um den Gehalt von Erfahrungen zu verstehen und auszudrücken. Die Liebe, die kleine Kinder für jede Form von Nonsens haben, ihr Spaß an dem Glauben, daß Gegenstände »leben«, ihr Hin- und Herspringen zwischen Phantasie und Wirklichkeit – das alles sind, zumindest in der Schule, keine pflegenswerten Elemente der kindlichen Persönlichkeit. Es erschien mir eine reizvolle

Aufgabe, Träumen als legitimen Weg aufzuzeigen, der Kindern nicht nur im Bereich des Lernens hilft, sondern ebenso in dem nicht minder wichtigen Bereich des imaginativen Ausdrucksvermögens.

Nachdem ich mehrere Gruppen von Kindern zwischen sieben und zwölf Jahren organisiert hatte, mit denen ich wöchentlich Traum-Workshops abhielt, fiel mir als allererstes auf, wie zugänglich die Träume den Kindern waren. Unsere anfänglichen Gespräche, die um das Entstehen von Träumen kreisten, lösten viele Reaktionen aus – als ob eine Schatzkammer voller Bilder geöffnet worden wäre. Am liebsten wurden Alpträume mitgeteilt, nicht nur, weil sie Angst machten, sondern weil sie Ereignisse in die Extreme des Möglichen trieben.

Schließlich gingen wir von unseren Gesprächen zum Malen, Theaterspielen, Tanzen und Schreiben über – und der reiche Bilderstrom, der von den Träumen ausging, führte in die Innenwelt der Kinder. Dies wiederum erlaubte ihnen, die innere geistige Qualität von praktisch allem zu erfassen, was sie interessierte: Es gab ein Träumen der Steine, der Sonne, der Vögel, der Frösche und des Wassers. Wir lasen ein japanisches Haiku von Chiyo-ni:

> O Schmetterling,
> Was träumst du dort,
> Deine Flügel schwingend?

und versuchten in Tanz und Theaterspiel umzusetzen, was der Schmetterling träumte.

Die heikle Linie zwischen Tatsächlichem und Imaginiertem, der Punkt, an dem eine poetische Idee Wurzeln zu treiben beginnt, wurde in jedem Workshop berührt. Ein Fenster in dem Zimmer, in dem wir arbeiteten, wurde zur Quelle lebhafter Assoziationen, die gleich unter der Oberfläche der unmittelbaren Wahrnehmung lagen. Folgendes kurze Prosastück war der erste Versuch eines Kindes, hinter die konkrete »Oberfläche« des Fensters zu schauen:

Das Fenster wird ein großer Affe aus Glas mit fünf Augen, vierzehn Armen, einem Bein und einem halben Schwanz. Der Affe tanzt wie wild, dann wird er wieder zu einem Fenster. Wenn man jetzt aus dem Fenster sieht, ist da eine Frau mit einem Hund, und die Frau hat keinen Kopf, und da ist ein Mann, der etwas an einem Seil zieht, aber am Ende des Seils ist nichts …

Im Verlauf des Workshops wurde klar, daß wir nicht nur über die Art von Träumen sprachen, die wir nachts hatten. Ein Fenster anzusehen oder sich selbst in einen träumenden Schmetterling zu verwandeln ist eine Form bewußten Träumens – etwas, was in der Schule meist verboten ist, nämlich Tagträumen. Wenn Tagträumen als ein wesentlicher Schritt erlebt werden konnte, um sowohl die mythische und poetische Dimension als auch den Fluß der Andeutungen, Bilder und Gefühle, welche das Innenleben konstituieren, annäherungsweise zu erkunden, dann waren wir vielleicht auf dem richtigen Weg, den Kindern ein größeres Verständnis dafür zu vermitteln, was auf der Ebene der Phantasie und des Ausdrucks erreichbar ist.

Während wir unsere Tagtraum-Erfahrungen bearbeiteten, wurde schnell deutlich, daß die meisten Menschen in ihrem wachen Leben ein gut Teil tagträumen. Und Tagträume entfalten ihre eigene, höchst verblüffende Symmetrie. Sie lassen uns buchstäblich Grenzen des Denkens und Fühlens überschreiten, was uns in Momenten klarerer Vernunft unmöglich wäre. Die Befriedigung, die von Tagträumen ausgeht, hängt mit ihrem heimlichen Charakter zusammen – denn nur der Träumer besitzt im Augenblick des Träumens die Fähigkeit seiner Tagträume. Dylan Thomas beschreibt es wundervoll in seinem Erzählband »Ganz früh eines Morgens«:

Der Weg hinter der Schule war der Ort, wo man sich Geheimnisse erzählte. Wenn man keine hatte, dann erfand man welche. Heutzutage träume ich manchmal, daß ich nach der Schule in die Gasse der Geständnisse einbiege und den Kindern aus meiner Klasse sage: »Endlich habe ich ein Geheimnis!«

»Was denn?«

»Ich kann fliegen!«

Und wenn sie mir dann nicht glauben, flattere ich mit den Armen und erhebe mich langsam vom Boden, zuerst nur wenige Zentimeter hoch; dann aber gewinne ich Luftraum, bis ich meine Mütze schwenkend dahinfliege, in gleicher Höhe mit den Schulfenstern des ersten Stockwerks, und hineinspähe, bis die Lehrerin am Klavier aufkreischt und das Metronom krachend zu Boden fällt und stehenbleibt, so daß es keine Zeit mehr gibt.

Und ich fliege über die Bäume und Schornsteine meiner Stadt, über die Werften und Hafenanlagen und streife die Masten und Schiffsschornsteine, über die Inkermannstraße und Sebastopolstraße und über die Straße, wo die Frauen Männermützen tragen, über die Bäume des ewigen Parks hin, wo eine Militärkapelle die Blätter rüttelt und auf die Kindermädchen und Kinder niederregnen läßt, auf die Krüppel und auf die Faulenzer und auf die Gärtner und die schreienden Jungen, über den gelben Strand und die Hunde, die Steinen nachjagen, und die alten Männer und die singende See.

Die Erinnerungen der Kindheit haben keine Ordnung und kein Ende.

Das folgende Stück eines Sechsjährigen liest sich fast wie ein Echo auf Thomas und betont ebenfalls, daß so, wie der Tagtraum ein Flug in imaginative Bereiche darstellt, der Tagträumer fliegen kann:

### Der Riese

Manchmal, wenn ich mit meinem Bruder Andrew im Garten spiele und wenn ich auf den Birnbaum klettere, bin ich wie ein Riese. Ich habe das Gefühl, daß ich auf das Dach steigen und meine Arme in den Himmel strecken und Wolken fangen und mit ihnen spielen kann, und ich kann über die Straße gehen, ohne zu warten, und Leute auflesen, die wie Ameisen aussehen, und Schaukeln und Häuser hochheben und dann alles meiner Mutter erzählen.

*Jeremy Roberts*

Der Tanz, der entstand, wenn die Kinder sich zu Tagträumen »bewegen« sollten, war oft bemerkenswert. Ihre Körper folgten nicht länger den strikten Regeln von Zeit und Schwerkraft; sie erfanden Gesten und Bewegungen, die sie zu ungewöhnlichen Konfigurationen und Motiven verschmolzen. Die Tagträume befreiten sie von der engen Konditionierung ihres Selbstausdrucks. Ein neues Gefühl für Sprache entstand:

> Fallen, fallen, fallen, hoch, hoch, fallen, hinab, runter, runter, rüber,
> wehen, wehen, wehen, schmelzen, schmelzen, schieben, schieben, stürzen, stürzen, drehen, drehen, fallen, rutschen, schieben,
> stürzen, schmelzen, schmelzen, krümmen, krümmen,
> schütteln, runter, runter, runter,
> schlafen, erwachen, schlafen, erwachen, wenden, wenden, stürzen,
> schmelzen, rollen, glattziehen, bewegen, runter, *tot.*

Die Kinder entdeckten eine Wechselbeziehung zwischen dem Impuls, etwas auszudrücken, und der Fähigkeit, das gleiche mittels Tagträumen ins Leben zu rufen. Sie begannen, sich Zeit zu nehmen, um ihre Gefühle und Gedanken reifen zu lassen. Dann bezogen sie menschliche Situationen, wie sie sich um sie herum ereigneten, in ihre Welten mit ein – und davon ausgehend, erfanden oder »tagträumten« sie neue Situationen. Eine dieser Situationen ergab sich eines Tages außerhalb unseres Fensters – ein schreckliches Kreischen von Bremsen, das Geräusch von splitterndem Glas und aufeinanderprallendem Blech. Wir eilten alle zum Fenster und sahen zwei Autos, die sich verkeilt hatten. Nach einem Gespräch, in dem wir unsere eigenen Erlebnisse mit Autounfällen verglichen, setzten sich alle hin und schrieben »Tagträume« auf, die das eben Geschehene zum Ausgang hatten. Nicola, die acht Jahre alt war, träumte folgendes:

> Der Vogel krachte in den Fels.
> Die Blume krachte in die Ameise.

Das Wasser krachte in den Abfluß.
Der Bleistift krachte in das Papier.
Die Nadel krachte in das Nadelkissen.
Die Uhr krachte in die Zeit.

Nach ein paar Monaten versuchten wir, Traum-»Dramen« zu entwickeln, die man draußen im Schulhof oder Park aufführen konnte. Wir baten den Kameramann Arthur Tess, unser Theaterspiel zu filmen und Bildgeschichten zusammenzustellen, die ausgearbeitet und zu einer Reihe von »Traumbüchern« gemacht wurden – die sich als aufeinanderfolgende Bildsequenzen lesen und frei interpretieren ließen. Ich glaube, daß in dem Maß, in dem die Kinder sich an das Spielen mit Bildern gewöhnten oder das Spiel der Bilder in sich zuließen, ihr Gefühl für Bilder sensibilisiert wurde. Sie erkannten, daß Bilder und das Anfertigen von Bildern ein Weg war, die Welt zu verstehen. In einer Gesellschaft, die von vorfabrizierten Fernsehbildern erstickt wird, ist es keine geringe Leistung, eigene Bilder zu entwickeln. Es gibt ein Gedicht von Mazaki Kiyonori, einem japanischen Kind, das diesen Punkt anspricht:

Das Auge in der Landschaft
Ich rannte in den Himmel.
Sternschnuppen sind in die Baumwolle der Wolken eingemummt.
Tausend und tausend von Lichtern.
In der Landschaft meines Kopfes folgen sie mir, wenn ich in den Himmel renne.
Dunkelheit geht mir durch den Kopf.
Der natürliche Himmel versinkt in Rot.
In der Landschaft des Himmels schläft die Sonne im Universum.
Die Zukunft ruft nach der Sonne.
Runde Lichter,
zerbrochene und verstreute Lichter,
ist das Universum tief in mir.

Die Wirklichkeit des »Universums tief in mir« ist es, was wir sichtbar machen wollten. Wenn wir in den Kindern ein tieferes Gefühl für die Sprache wecken konnten, die in ihnen spricht, von den Strömen und Flüssen des Denkens, die untergründig in ihnen fließen, von den zaubrischen Geschichten und Gedichten, die ihr inneres Leben ausmachen – dann hat der Workshop seinen Wert gehabt.

Doch lassen Sie mich auch sagen, daß bei vielen Kindern, während wir uns auf Träume konzentrierten und die Kinder ihre Träume formulieren ließen, tiefe Ängste und Besorgnisse zum Vorschein kamen, die offensichtlich Teil der Verarbeitung traumatischer und ungelöster Konflikte in ihrem Leben waren. Meine Aufgabe war nicht die eines Therapeuten. Ich hatte vielmehr auf die Träume der Kinder einzugehen und die Energie dieser Träume als Rohmaterial zu nutzen, um die imaginative und künstlerische Vorstellungskraft der Kinder anzuregen. Die folgende Geschichte spricht von der starken mythischen Qualität, die entsteht, wenn ein Kind ermutigt wird, einen Traum und die damit zusammenhängenden Gefühle und Bilder zu erzählen:

> Es war einmal ein Mann, der war auf seinem Schiff allein unterwegs, und es war Nacht. Plötzlich wurden die Wellen höher, und er sah hinauf zu den Sternen, und sie wurden auch größer. Er hatte Angst. Die Sterne wurden immer größer, und dann zerplatzten sie zu großen Schneeflocken. Die Schneeflocken begannen sich ganz langsam zu öffnen, und aus ihnen kamen Hexen und Geister und alle möglichen unheimlichen Dinge heraus. Dann wurden alle Schneeflocken ganz klein, und dann wurden sie wieder zu Sternen, und die Sterne wurden klein. Der Hexengeist und all die anderen Dinge kamen zu dem Mann herab und begannen ihn zu schütteln. In Wirklichkeit war es ein Alptraum, doch dann wachte er auf, und seine Frau sagte: »Hier, trink den Orangensaft, und laß uns Karten spielen, dann wird es aus deinem Kopf verschwinden.« Und die ganze Zeit war es Nacht.
> *Jacqueline Wright, 7 Jahre*

Als sich der Workshop dem Ende näherte, war es für mich überaus faszinierend, an den Kindern zu beobachten, daß sie an eine Vielfalt von Wirklichkeiten glaubten, die sich in dem komplizierten Prozeß der Wahrnehmung auf natürliche Weise überkreuzen. Sie begannen die Struktur des Wissens auf eine gesunde Art in Frage zu stellen. Und langsam, wenn auch nicht ohne Ungeduld, erlebten sie, wie scheinbar widersprüchliche Ideen sich verbinden, um zu Metaphern zu werden. Sie wurden gewahr, wie das Träumen neue Perspektiven eröffnete, in denen ihre Erfahrungen und Erlebnisse einen unverwechselbar persönlichen Ausdruck und Charakter annahmen.

> Manchmal glaube ich, alles ist ein Traum. Naja, ich meine … Sagen wir, es ist der Anfang der Zeit, und du träumst dein Leben … Aber du bist noch nicht geboren worden. Wenn du dann wirklich geboren wirst, vielleicht tausend Jahre später oder so … Naja … hast du jemals … wie wenn du etwas siehst und du hast das Gefühl, daß du's schon einmal gesehen hast … Vielleicht hast du es in dem Traum von deinem Leben gesehen, den du am Anfang der Zeit hattest, als du einfach ein Samen warst.
>
> Ich meine, daß du genau jetzt dein Leben träumst. Was immer du träumst – du träumst, aber 1960 oder 1950 oder wann du geboren wurdest, das wird noch einmal passieren, weil es vorher nur ein Traum war – und dann wird es erst wirklich.
>
> *Jessica, 10 Jahre*

# Die Geschichte, die das Kind mit sich trägt

Manche Kinder sind so mit ihrer Geschichte beschäftigt, daß sie kaum zu sprechen aufhören können; anderen brennt ihre Geschichte so auf den Nägeln, daß sie kaum sprechen können. Manche werden nervös und ungeduldig, wenn sie andere eine Geschichte erzählen hören, weil ihre eigene so sehr nach außen drängt. Und manche Kinder, deren Geschichten noch vor ihnen verborgen sind, verstehen nicht immer, was eine Geschichte ist und was sie bewirkt.

Es ist noch nicht lange her, da bekam ein Kind in einer New Yorker Klasse Angst wegen einer Geschichte, die ich erzählte: von einem Baum, der hören und mit seinen sich stetig verwandelnden Blättern zu uns sprechen konnte. Zunächst wollte Joel nicht glauben, was ich sagte – ich rüttelte an einer Wirklichkeit, die er sich sorgfältig zurechtgelegt hatte. Dann eines Tages, als er merkte, wie die Geschichte Zugang zu einem eigenen Phantasieleben ermöglichte, ohne daß er alles aufgeben mußte, was er von dieser Welt wußte, schrieb er:

> Es ist toll, wie der Wind die Bäume bewegt.
> Er bewegt auch meine Gedanken.
> Wenn ich einen Baum ansehe,
> fühle ich mich stark und mutig.

Wenn der Wind durch die Bäume weht,
flüstern die Bäume
eine wunderschöne Musik.
Ich höre zu und bin froh.

Michelle, ein Mädchen aus einer anderen Klasse, hatte nicht die geringsten Vorbehalte, als ich eine Geschichte über eine magische Blume erzählte, die alle Farben des Himmels annehmen konnte. Sie hörte voller Aufmerksamkeit zu, ihr offenes Gesicht verriet innersten Anteil an jeder Wendung der Geschichte. Eines Tages nahm sie mich beiseite und erklärte ihre Reaktion auf solche Art von Geschichten. »Wenn man sich Dinge in der Phantasie vorstellt … dann fangen sie an zu wachsen«, sagte sie. »Wenn man sie mag, dann mögen sie einen auch. Wenn man eine Phantasieblume hat, dann wächst sie in den Gedanken, und man kann immer von ihr träumen. Und keiner kann sie einem wegnehmen.«

In beiden Beispielen beginnen die Kinder im Denken mehr als eine mechanische Operation für fehlerfreie Antworten zu sehen. Sie spüren unsere innere Fähigkeit zu verstehen, sowohl wer wir sind als auch was die Beschaffenheit der Welt ist, in der wir leben. Die »Phantasieblume«, von der Michelle spricht, hat die organischen Eigenschaften einer wachsenden Blume – und wir können sie in unserem Traum zum Leben erwecken. Aus unserem Inneren erschaffen wir die Geschichte dieser Blume oder irgendeiner anderen. Denn dadurch, daß wir die Geschichte träumen, wird sie für immer ein Teil von uns.

Viele Kinder haben kaum je Gelegenheit, solche Erfahrungen wie die von Michelle und Joel auszudrücken. Eine ganze Kindheit kann vergehen, ohne daß das Vorhandensein einer inneren Welt wahrgenommen wird. Diese Kinder erleben ihr Ich oft als eindimensional, voller Überlebensdrang, sind aber unfähig, die Phantasien ihres Ich dafür nutzbar zu machen. Wie oft hören wir von Kindern, die jeden Tag die gleiche schulische Routine durchlaufen, ohne daß dem Wohlergehen ihres inneren Lebens

Beachtung geschenkt wird. Nach der Schule kehren sie heim und sinken mutlos vor dem Fernseher zusammen, der ununterbrochen bis zum Abend läuft. Das Fernsehen ist in unserer Kultur zum Mythenmacher für die Kinder geworden; das Fernsehen ist unser Ersatz für Geschichtenerzähler geworden.

Welche Mythen erzählt das Fernsehen den Kindern? Ein großer Teil dessen, was sie sehen, ist Werbung. Kinder unterscheiden sich nicht von Erwachsenen, daß sie die Dinge, die sie angepriesen sehen, auch haben wollen. Das Wissen um das Glück, das aus Erfahrungen oder Erlebnissen wie z. B. Geschichten entspringt – die ja keine »Sachen« sind –, fehlt im seelischen Haushalt vieler Kinder.

Überdies hat vieles, was sie zwischen den Werbespots sehen, mit Gewalt und Tod zu tun. Man stelle sich die Folgen davon vor. Einer der heikelsten und schwierigsten Schritte in der Kindheit ist das Erkennen, daß wir sterben müssen. Eine Kultur wie die unsere, in welcher der gewaltsame Tod eine vorherrschende Idee geworden ist, flößt den Kindern Grauen ein. Man kann sich fragen, ob diesen Kindern je von ihren Eltern, ihrem Lehrer oder anderen Erwachsenen vorgelesen wurde oder ob je der Versuch unternommen wurde, die Kinder mit Zutrauen zu den Geschichten zu erfüllen, die sie sich selbst erzählen und uns gern erzählen würden, gleichgültig, wie seltsam sie unseren erwachsenen Ohren vorkommen mögen.

Im Laufe der Jahre hatte ich Gelegenheit, mit Kindern zu arbeiten, die sich eines eigenen inneren Lebens nicht bewußt waren und folglich auch nicht der Geschichten in ihrem Inneren. Es fallen bestimmte Ähnlichkeiten in der Art und Weise auf, wie diese Kinder sich selbst und ihre Lebenswelt wahrnehmen. Extrem ängstlich, entwickeln sie Feindseligkeit gegenüber Gleichaltrigen und Erwachsenen. Ihre Angst ist Zeichen eines Mangels an Beziehung zu ihrem inneren Selbst und zu der sie umgebenden Gemeinschaft. Diese Unfähigkeit, zwischen verschiedenen zeitlichen und örtlichen Erfahrungen selbstverständlich hin- und herzuwechseln, findet in einem verbissenen Realismus Ausdruck: Die Dinge sind nur, was sie sind, und nicht, was sie werden können. Diese Kinder sind in einer unfruchtbaren Starre gefangen, wo Phantasie keinen Platz hat. Die Starre des Denkens wird verstärkt von dem Zweifel unserer Gesellschaft in den Nutzen der Phantasie. Erst wenn die Kinder die Chance erhalten, sich zu »entschleunigen« und in sich hineinzusinken – durch jemanden, der sie zur inneren Selbstwahrnehmung ermutigt –, kann eine neue Resonanz in ihnen geweckt werden. Ich bin jedesmal über das Ergebnis erstaunt, wenn wir Kinder bitten, über einen einfachen Gegenstand nachzudenken: wie es sich anfühlt, dieser Gegenstand zu sein, und eine Geschichte aus seiner Perspektive zu schreiben.

Die folgende kleine Geschichte – von einem neunjährigen Jungen, der sich in eine Schreibmaschine versetzte – brachte soviel »Entschleunigung«, daß der Autor verwundert war, wieviel er von sich selbst in der Geschichte über einen Gegenstand erfahren konnte:

> Immer mal wieder steckt jemand ein Blatt Papier in Mich hinein. Ich kriege nichts mit, das heißt Ich sehe nicht, warum sie auf Mir herumhämmern und Mein ratterndes Rad drehen und Mein bestes Farbband austauschen. Wenn sie fertig sind, ziehen sie immer das Blatt Papier aus Mir heraus. Aber irgend etwas stimmt mit Mir nicht, und Ich weiß nicht was. Ich hacke weiter auf Mir herum.

Indem er sich selbst als Gegenstand vorstellte, entdeckte der Junge, daß etwas Wichtiges in seiner Welt aus dem Lot war. Was er schrieb, war keine Metapher, mit der ein Erwachsener sein Problem beschrieben hätte, sondern vielmehr seine eigene Geschichte, wie er sie selbst verstand und wahrnahm.

Erwachsene müssen den Schülern klarmachen, daß sie über das Werkzeug oder das Mittel verfügen, mit dem sie Bedeutung herstellen können. Dieses Werkzeug ist die Vorstellungskraft. Wenn die Kinder erst einmal die Imagination in sich als etwas Kraftvolles kennengelernt haben, wird ihr Leben vollständiger.

Die meisten Kinder hören anderen Geschichten zu, wenn sie sich ihrer selbst bewußt werden, wenn sie verstehen, daß das, was sie selbst zu erzählen haben, ebenso der Welt angehört wie das Schatzhaus von Geschichten, das ihnen vorausging. Kinder auf ihre eigenen Geschichten aufmerksam zu machen ist nicht schwieriger, als mit ihnen darüber zu sprechen, wie es ihnen geht, was auf dem Schulweg passiert ist oder worüber sie das letzte Mal mit ihren Großeltern geredet haben. Weil wir in unserer hoch beschleunigten Kultur dazu neigen, uns von den kleinen Dingen alltäglicher Erfahrung zu distanzieren, erscheinen Alltagsgeschehnisse unbedeutend. Da wir uns immer weniger Zeit für Gespräche nehmen, überrascht es nicht, daß Kinder nur mit Mühe Gefallen an Geschichten finden, die einer dem anderen mitteilt.

Statt dessen nehmen uns großformatige Filmdramen gefangen, die, mit Musik unterlegt, atemberaubend schnelle Handlungssegmente zeigen.

Um dem etwas entgegenzusetzen, bat ich einmal eine Gruppe von Kindern, nach den Geschichten Ausschau zu halten, die vor ihren Zimmerfenstern passieren. Tony, der damals elf Jahre alt war, schrieb eine Folge von täglichen Eintragungen, die er »Vor meinem Fenster« nannte und von denen ich zwei Auszüge wiedergeben möchte:

> Dienstag: Ich sehe nur zwei Müllsäcke und ungefähr 20 Tauben. Ich sehe einen Jungen, der zum Fenster herausschaut. Dann kommt seine Mutter und sagt, er soll etwas tun. Ich sehe, daß der Himmel bewölkt ist, und es sieht so aus, als ob es regnen wird. Ich sehe eine Menge Rauch aus unserem Schornstein aufsteigen. Ich sehe, daß keine Lichter an sind, und ich sehe Tauben an unserem Fenster. Ich sehe, daß es wahrscheinlich kein guter Tag wird.
>
> Freitag: Ich sehe Tauben, die immer im Kreis fliegen. Ich sehe Leute, die eine Geburtstags-Party feiern und einen Kuchen haben und Fotos machen, dann tanzen sie, dann sehen sie zu, wie

das Geburtstagskind Geschenke auspackt. Das Geburtstagskind ist eine Frau. Sie bekommt Handtücher, Parfum, Puder, Ohrringe. Ich glaube, es ist ihr Mann, der ihr den Ring gibt, denn sie küssen sich. Nach und nach brechen einige auf.

Als Tony seine »Geschichte« dem Rest der Klasse vortrug, dachte ich an meine eigene Kindheit und daran, wie ich Stunden damit zubrachte, vor meinem Fenster zu sitzen und hinauszusehen. Wie Tony sah ich von meinem geheimen Beobachtungsposten, wie sich vor mir eine Welt entfaltete – eine Geschichte, wenn man so will, die meiner Phantasie entsprang. Ich erinnere mich an die Freude in Tonys Gesicht, als ich erklärte, daß die Geschichte, die er geschrieben hatte, seine eigene, von ihm erlebte Geschichte sei.

Anders als Geschichten aus dem Fernsehen stammte diese Geschichte von ihm selbst – aus seinen Beobachtungen und seinem Verstehen. Obwohl dies für uns selbstverständlich ist, sind sich Kinder keineswegs sicher, daß sie die Fähigkeit haben, etwas zu sehen und zu konstruieren, das nur ihnen möglich ist. Dazu kommt noch, daß ihnen das Vertrauen zu ihrer eigenen Vorstellungswelt fehlt. Wenn Kinder merken, daß sie nicht nur die Gabe haben, mit ihrem Inneren zu sehen, sondern diese innere Vision in eine Geschichte verwandeln können, die sie anderen mitteilen, löst dies manchmal einen außerordentlichen Entwicklungsschub aus.

Ein Kind antwortete auf die Frage, wo seine Geschichten herkommen: »Wenn ich eine Geschichte mache, dann kommt sie aus meinem Augenwinkel.« Vielleicht finden wir alle so unsere Geschichten – indem wir unsere Phantasie durch die Augenwinkel erweitern.

Was wir sehen und hören, ist die Person, die wir sind und als die wir uns fühlen. Erst das Spiel der Imagination führt uns zu Unbekanntem, zu Bildern und Ideen, die wir noch nicht hatten.

Durch den Vorrang des pragmatischen Denkens – wieviel wir

»wissen« im Gegensatz zu dem Ungewußten – fürchten sich Kinder davor, ihrer Imagination freien Lauf zu lassen. Imagination selbst wird zu etwas Unbekanntem. Wie könnte man dieses Problem besser angehen, als indem man das Unbekannte buchstäblich zu einem Teil unserer Geschichte macht – wie das Kind, das darüber redet, wo die Gechichten herkommen:

> Die Erde bekommt ihre Geschichten, wenn sie anderen Planeten zuhört. Und die bekommen ihre Geschichten von den Sternen. Und die bekommen ihre Geschichten von der Sonne. Und die Sonne bekommt ihre Geschichten von der Dunkelheit, und die Dunkelheit bekommt ihre Geschichten, weil sie sie erfindet.

Was für ein Vergnügen ist es für die Kinder, sich als die Quelle dieser »Erfindung« zu erfahren und gleichzeitig zu beobachten, daß sich die Dinge in der ganzen Natur verwandeln können. Eine Geschichte handelt schlicht von dem, was geschieht. Und wenn dem so ist, gibt es Geschichten überall, sowohl in uns wie außerhalb von uns.

Als Joel sagte: »Es ist toll, wie der Wind die Bäume bewegt. Er bewegt auch meine Gedanken«, sprach er zu uns von der Geschichte, die ein jeder von uns mit sich herumträgt. In jedem, sei es Kind oder Erwachsener, ist die ganz besondere Erzählung einer Geschichte als Verbindung zwischen uns und dem Leben um uns her angelegt.

Diese Geschichte ist ein Ort der Möglichkeit, in dem wir an einer Welt teilhaben, die uns etwas lebendig macht und anbietet, mit dem wir uns identifizieren können. Durch diese Identifikation wachsen wir.

Wir werden mehr, als wir sind. Wir lernen, wie wir von hier nach dort kommen. Auch wenn eine Geschichte in Frage stellen kann, was wir bereits von der Welt zu wissen glauben, so sind es Geschichten, die den Geist nähren.

In einer Zeit, da Kinder leicht das Geburtsrecht der Imagination verlieren, müssen wir neue Wege finden, um Kindern zu den Quellen der Geschichten zu verhelfen, die sie uns so dringend erzählen möchten. Jedesmal, wenn sie ihre Geschichten aussprechen, verteidigen sie erneut die Möglichkeiten und die Bedeutung ihres imaginierenden Selbst.

> Meine Phantasie ist eine Last und eine Hilfe. Immer wenn ich etwas herausbekommen will, gehen meine Gedanken einfach mit mir durch, und ich bin in einer anderen Welt, aber irgendwie beantwortet die Geschichte in meinem Kopf meine Fragen.
> *Justin, 9 Jahre*

# III
# Die einsame Stimme

# Kinder und ihr Alleinsein

In der Schule, in der ich gelegentlich 5. bis 8. Klassen unterrichte, gibt es im Erdgeschoß einen Raum, der als Museum eingerichtet ist. Manchmal benutze ich den Raum für meinen Unterricht, und eines Tages kam ich besonders früh. Als ich die Tür öffnete, sah ich eine Schülerin von vielleicht zehn oder elf Jahren, die intensiv die Fotos an den Wänden betrachtete. Sie sah mich nicht oder, wenn sie es tat, ließ sie es sich nicht anmerken. Sie betrachtete jedes der Bilder mit einem für ihr Alter ungewöhnlich tiefen Interesse und bewußter Aufmerksamkeit. Die Fotos waren Porträts von Kindern und Erwachsenen in ihren Stadtwohnungen und auf der Straße, und sie strahlten in gewisser Weise die gleiche Intensität aus, die das Mädchen in seinem Blick hatte. Im Austausch zwischen ihr und den Bildern gab es einen lebendig beseelten Raum, einen Dialog, der zustande kommt, wenn zwei verschiedene Gedankenwelten sich in gegenseitigem Verstehen durchdringen.

Ich fühlte mich auf meinem Posten an der Tür etwas fehl am Platze – als ob ich unbefugt in ihren Dialog eingedrungen wäre –, und so schloß ich die Tür leise und zog mich zurück. Seither habe ich öfter über das Mädchen nachgedacht und sehe sie immer noch vor mir, wie sie von Bild zu Bild geht, absorbiert von der inneren Beziehung, die sie aufgebaut hatte. Was ist der Grund dafür, daß dieser Moment sich mir so deutlich eingeprägt hat? Stellte sie, als sie sich vorbeugte oder auf die Zehenspitzen stellte, um näher an die Bilder heranzukommen, für mich die Verkörperung einer ernsten und nachdenklichen Haltung dar, wie man sie selten oder vielleicht nie antrifft? Oder hatte sie sich, ihrer selbst unbewußt und ohne jede Prätention, dem Glück der Versenkung in das, was sie sah, hingegeben, einer Versenkung, um die sie jeder in unserer zersplitterten und gehetzten Welt beneiden würde?

Wenn ich über die Situation nachdenke, so hatte meine Faszination mit ihrer Ernsthaftigkeit und ihrer Versenkung zu tun – und auch noch mit etwas anderem. Sie rührte an einen Teil in mir, der den innersten Kern unseres Lernens bildet: daß wir alleine sind und mit uns selber sprechen. Wir mögen zurecht fragen, wo der Ort für dieses Alleinsein ist. Ist er an einer Stelle unseres Bewußtseins, wohin wir uns zurückziehen, wenn die Wirklichkeit uns zu stark bedrängt? Ist er jederzeit zugänglich oder nur unter besonderen Bedingungen? Woher wissen wir, daß überhaupt Einsamkeit in uns existiert?

Meine Antworten haben keine Grundlage in wissenschaftlich gesicherten Fakten. Es ist nur ein subjektives Empfinden für das, was vielleicht ein Wesensmerkmal des Menschen ist, oft als selbstverständlich hingenommen oder als unwichtig und zu vage übergangen. Es hat viel mit dem Kind zu tun, das die Fotos anschaute, oder um es persönlicher zu formulieren, mit dem Kind, das wir alle waren (und immer noch sein könnten), und den Kindern, mit denen wir umgehen.

Stellen wir uns für einen Moment eine andere Situation vor. Denken Sie an einen Tag, als sie, ein kleines Kind, mit nackten Füßen in einem Fluß oder am Meeresrand wateten. Sie hatten nicht vor zu schwimmen, sie waren zufrieden damit, im Wasser herumzuspazieren. Sie waren mit einem Freund zusammen oder allein. In jedem Fall freuten sie sich, das Wasser an ihren Füßen zu spüren. Und als Sie so unterwegs waren, hatten Sie eine Empfindung von sich selbst, die nichts mit den engen Grenzen zu tun hatte, die das Lernen in der Schule kennzeichnen.

Sie hatten, wenn Sie mir diese Vermutung erlauben, eine Beziehung zu Ihren eigenen Empfindungen, und diese Empfindungen fanden Eingang in Ihre Gedanken. Irgendwie durchdrangen sich Denken und Fühlen, und Sie nahmen ganz bewußt wahr, wie Sie sprachen, murmelten, summten – ja sogar sich selber lauschten. Sie waren allein, doch im Tageslicht ihrer Gedanken kommunizierten Sie mit einem größeren Wesen als nur Ihnen selbst. Was ist dieses Wesen? Für jeden von uns ist es anders. Es ist ein Gefühl, sich innerhalb der Textur des Lebens selbst zu befinden.

Solche Gefühle müssen unsere frühen Spiele ausgezeichnet haben, als wir und unser Spielzeug glücklich im geschützten Raum des Spiels geborgen waren. Ja, wir lernten im Spiel das Wesen des Alleinseins kennen, denn wie ein Kokon, den wir um uns gesponnen hatten, lehrte es uns, unsere Gefühle in Phantasien umzusetzen. Gedanken waren die seidenen Fäden dieses Kokons, sie waren fein in unsere Empfindungen und mit ihnen verwoben. Wir fingen an, uns selbst zu erfahren und zu sehen, wer wir waren – und die Hügel und Täler einer inneren Landschaft dehnten sich vor uns aus. Wie der französische Philosoph Gaston Bachelard sagt: »Die Kindheit ist der Ursprung der größten Landschaften. Unser kindliches Alleinsein gab uns die ersten unermeßlichen Weiten.«

In diesem Bereich kindlichen Alleinseins haben wir eine Fülle von Gefühlen, Bildern und Empfindungen gespeichert – manche davon so klein und subtil, daß wir nur, wenn wir in die Einsamkeit hineinhorchen, die Möglichkeit haben, uns ihrer zu erinnern. Herbert Read schrieb in seinem Buch »The Innocent Eye« (Das unschuldige Auge): »Das ganze Leben ist ein Echo unserer ersten Empfindungen, und wir bilden unser Bewußtsein, unser gesamtes geistiges Leben durch Variationen und Kombinationen dieser elementaren Empfindungen ...« Wenn das zutrifft, dann haben wir guten Grund, unser Alleinsein zu nutzen, um das in uns angelegte Wissen aufzuspüren. Die Frage ist, wie sich »Alleinsein« auffinden und nutzen läßt, insbesondere zu pädagogischen Zwecken.

Bei dem Versuch, imaginative Erfahrung in der Schule zu fördern, habe ich herausgefunden, daß wir den Ort des Alleinseins erreichen können, wenn wir ein Bild entwerfen, das Kindern erlaubt, sich dorthin zu begeben. Als wir uns zum Beispiel mit dem Thema Meer beschäftigten, haben wir viel Zeit damit zugebracht, in Muscheln hineinzuhorchen und uns vorzustellen, wir seien selber Muscheln. Oder wenn wir die Erde durchnehmen, können wir uns vorstellen, daß wir Samen oder Baumwurzeln im Erdreich sind:

> Ich kann die Bäume fallen hören,
> Ich kann die Sterne sehen,
> Ich kann die Zeit vergehen sehen,
> Ich kann das Bild in meinem Auge sehen.
> *Emilio, 9 Jahre*

Wichtig ist – neben dem vertieften Verständnis für Wurzel, Meer oder Muschel –, wie diese Aspekte der natürlichen Natur es den Kindern ermöglichen, in ihre eigene Welt vorzustoßen, die von einer Vielfalt von Gefühlen und Sinneseindrücken erfüllt ist. Uns in die Existenz von etwas anderem zu versetzen befähigt uns oft, unsere eigene innere Welt zu betreten und auszudrükken, so wie Andrew, der über seinen Kieselstein schrieb:

> Mein Stein träumt.
> Mein Stein träumt von Liebe.
> Mein Stein fliegt mit seinem Herzen durch die Luft.
> Mein Stein spürt den Wind.
> Mein Stein wohnt in einer Muschel.
> Mein Stein wacht auf, sein Traum ist vorbei.
> *Andrew, 10 Jahre*

Den Bereich der Einsamkeit durch Unterricht zu stärken heißt, dem Kind den Umfang und den Reichtum seiner eigenen inneren Welt sichtbar zu machen. Angesichts der Überbewertung faktischen Wissens in der heutigen Schulerziehung kann Einsamkeit den Kindern helfen, die Wichtigkeit ihrer eigenen Gedanken und Gefühle wahrzunehmen.

Es verblüfft mich immer wieder, wie sich Kinder, wenn sie einen Raum zum Alleinsein in sich erkennen, auch regelmäßig der Möglichkeiten ihrer Kindheit deutlicher bewußt werden. Ihr Spielen, Tagträumen, Phantasieren, ihre Neugier und ihr Staunen, ihr Fragen und schließlich ihr Lernen verraten, daß sie ihre Kindheit nicht in der Homogenisierung von schulischem Lernen und Größerwerden verloren haben. Es sind Kinder, die ihre innere Welt zum Nährboden ihres Lebens werden lassen.

> WURZELN
> Ich höre mich, wie ich die Erde runter klettere. Ich höre die Insekten graben, und wenn es regnet, höre ich mich, wie ich trinke und trinke, um am Leben zu bleiben.
> *Shontal, 9 Jahre*

Dieses Alleinsein als Ziel des Unterrichts heißt, daß wir die Erfahrung des Alleinseins als eine Synthese unserer komplexen Welt begreifen müssen, als Vermittlungsinstanz in uns selbst, die später persönliche Klärung und Klarheit hervorbringen kann. Einen Ausdruck durch das Alleinsein zu finden bedeutet, eine Sprache zu finden, durch die wir uns selbst hören können – und anderen zuhören können. Auf dem Alleinsein aufzubauen setzt die Zuversicht voraus, daß unsere Vorstellungskraft unbegrenzt ist und wir wie Thoreau sagen können:

> Die Landschaft liegt weit und schön im Inneren, und der tiefste Denker ist derjenige, der am weitesten in ihr gereist ist.

Oder wie das Kind, das in dem Museum die Fotos betrachtete, sich gefühlt haben muß, können wir ebenso sagen:

> Ich habe nicht gewußt, daß es noch ein anderes Ich in der Welt gibt. Es ist so, als ob ich immer, wenn ich eine Blume rieche, mich selber sehe.

# Eine Jahreszeit des Zuhörens

Der Herbst stellt sich mit seinen Boten ein: dem Morgennebel, dem leuchtenden Gelb und Rot in den Bäumen, den Vogelscharen, die sich für den Aufbruch nach Süden sammeln. Wir hören auf neue Weise – das Geräusch der Äste und der Blätter, die den baldigen Winter ankündigen. Nicht viel anders als die Baumbewohner im Wald bereiten wir uns auf die lange Dunkelheit vor, beobachten und sammeln in uns die letzten Blüten, die letzten Düfte des Verfalls, bevor der Schnee kommt. Es ist unsere Jahreszeit des Hörens – nicht nur auf das Pfeifen des kalten Winds, sondern auch auf den Gang unserer Gedanken.

Und in den Klassenzimmern sitzen die Kinder, die ihre Gedanken durchstöbern: Sie legen einen Vorrat von unzähligen Informationen an, sehen die schillernde Gestalt eines Tagtraums, halten sich an einer nah vorüberhuschenden Empfindung fest, kritzeln auf die Tafel ihres Gedächtnisses etwas, was vor wenigen Minuten geschah. Während der Herbst alle offenbaren Erscheinungen von Wachstum vor uns zu verhüllen scheint, vervielfältigt sich das kindliche Denken weiter in alle Richtungen. Es gibt so viel in diesem Denken, was wir nicht sehen, sondern nur aus unserem Denken erinnern können, als wir selbst noch Kinder waren. Unser Bewußtsein war aber, anders als die umgebende Welt, voller Wachstumsdrang, es nahm nicht nur alles in sich auf, was gelernt werden mußte, sondern auch die gewaltige Ansammlung alles dessen, was wir wissen wollten und bereits wußten, jene Unmengen von Ideen und Gefühlen und Bildern, von denen wir intuitiv erfaßten, daß sie uns selbst ausmachten.

Ich erinnere mich an das wundervolle und umfassende Gefühl, als ich entdeckte, daß meine Gedanken etwas höchst Eigenes besaßen, das sich von allen anderen unterschied, etwas, das, was auch geschähe, meine Welt war. Ich erinnere mich ebenso an die Enttäuschung, als ich feststellte, daß diese Welt – diese Gedanken, die mühelos mehr und mehr Gedanken aus sich herausspannen, keinerlei Anteil an dem hatten, was in der Schule von mir erwartet wurde. Ja, ich beobachtete das Eichhörnchen und lernte, einen Teil der Welt zu verstecken, den ich später vielleicht hätte ernten können.

Das muß keineswegs so sein. Eine der wesentlichen Einsichten des pädagogischen Denkens besteht mittlerweile darin, daß wir den Kindern die Möglichkeit gewähren, ihre inneren Welten zum Ausdruck zu bringen und sich daran zu erfreuen. In den letzten beiden Jahrzehnten (und gewiß in einzelnen Schulmodellen auch schon zuvor) haben die Künste (in Zusammenarbeit mit Schulen und Lehrern) demonstriert, daß ein Gedicht, ein Tanz, eine Zeichnung oder ein Theaterstück den Kindern einen Zutritt zu der Welt ermöglicht, die sie selber sind. Was die Kunst besaß, war, was das Kind bereits wußte: die Fähigkeit, mit der Erfahrung unserer selbst zu spielen und sie zu verwandeln. Die Entdeckung, daß Künste eine Brücke zum Denken und Fühlen der Kinder sind, hat die größere Möglichkeit eröffnet, daß Lernen im grundlegendsten Sinn ein Akt der Phantasie und Vorstellungskraft wird. Daß eine solche Möglichkeit besteht, setzt Lehrer und Künstler in ein neues Verhältnis zueinander.

Die frostigen, kalten Winternächte lassen uns jenseits der gewöhnlichen Stille auf das erste Geräusch der Schneeflocken hören, die fast unhörbar gegen die Fensterscheibe fallen. Genauso, jenseits ihres Redens, warten die Gedanken der Kinder darauf, irgendwann gehört zu werden.

# Emilys Baum

## Phantasie und die Seele des Lernens

Seit einer geraumen Weile habe ich nun auf meinem Schreibtisch eine Bleistiftzeichnung liegen: einen Baum, gezeichnet von Emily, einem zehnjährigen Mädchen, mit dem ich in einer New Yorker Schule arbeitete. Nach vielen Jahren erinnere ich mich immer noch daran, mit welcher großen Konzentration und Anstrengung, ihre schmalen Schultern über den Tisch gebeugt, sie ihre Zeichnung anfertigte.

Zeichnen war für Emily wichtig, weil sie sich trotz großer persönlicher Probleme einfach nur äußern wollte – insbesondere mit Wörtern und Bildern. Glücklicherweise entdeckte sie, daß sie mit Gedichten und Bildern ausdrücken konnte, was sie fühlte. Sie mußte allerdings auch feststellen, daß Zeichnen etwas war, für das die Schule nicht genügend Zeit ließ. Als ich Emily zum ersten Mal kennenlernte, bewahrte sie ihre wenigen Bilder und Gedichte in dem Fach unter ihrem Tisch zusammen mit verkrumpeltem Papier und lange vergessenen Hausaufgaben auf.

Natürlich war Emilys Interesse am Herstellen von Dingen für ihr Alter keineswegs ungewöhnlich. Wie die meisten Kinder spielte sie sehr gern. Schon seit frühester Kindheit versuchte sie, Sinn in die Dinge zu bringen, indem sie mit ihnen spielte und sie veränderte, bis ein Muster oder eine Form entstanden war, das oder die ihr gefiel – auch wenn niemand von außen erkennen konnte, was sie da spielte. Nach meiner Kenntnis von Emily bin ich mir sicher, daß die sinnliche Qualität kleiner Dinge und Geschehnisse für sie tröstlich war: der frische Luftzug, wenn sie das Fenster öffnete, das schabende Geräusch ihrer Zähne, wenn sie ein Stück Brot aß, die Leichtigkeit, die sie in ihren Armen fühlte, nachdem es geregnet hatte. Für sie waren all das Signale, Botschaften, die ihr mitteilten, daß sie lebendig war.

Emily wollte in der Schule nie über ihre Gefühle sprechen oder sie gar mit anderen teilen. Die Schule war für sie ein Ort, wo sie leisten mußte, was man von ihr verlangte. Sie lernte schon – aber nur in Isolation von sich selbst. Ihre Phantasie, die Freude, die sie beim Gestalten von Dingen empfand, lebte sie im Geheimen irgendwoanders aus.

Ich erinnere mich daran, daß ich, lange bevor ich Emily kennenlernte, von einer Gruppe von Schülern in einer anderen Schule wegen meines Insistierens auf der »Phantasie« angegriffen wurde. »Aber Richard«, protestierten sie lautstark, »damit kommt man weder aufs College, noch kriegt man gute Noten.« Ich verteidigte meinen Standpunkt und erklärte ihnen, warum sie Phantasie und Vorstellungsgabe brauchten, daß die Phantasie unser Selbst ist und daß wir ohne sie weder uns selber noch andere verstehen können. Ich glaube nicht, daß die Jugendlichen mir am Ende zustimmten. Ich war tief beunruhigt, daß die Kinder von einer Ansicht der Dinge durchdrungen waren, die ihnen eine wesentliche Qualität des Lebens und der Lebendigkeit unterschlug.

Warum ist diese Form des Lernens, von der ich spreche, nur so mühsam in den konventionellen Lernprozeß einzubringen? Warum mußte Emily, warum mußten jene opponierenden Jugendlichen verbergen, was sie fühlten? Warum hat die schulische Erziehung, trotz ihrer Sorge um die Fähigkeiten des Lesens, Schreibens und Rechnens, die Nutznießer ihrer Lehre zu oft unfähig gemacht, sich auf das Lebendige und Bedeutungsvolle in sich selbst zu beziehen?

Ich kann mich diesen Fragen nähern, indem ich darauf zurückschaue, wie Emily ihren Baum gezeichnet hat, auf die Konzentration, auf die Kraft der Phantasie, viele Gedanken und Gefühle in dem einzelnen Bild eines Baums zu bündeln. Der Baum, ursprünglich in Emilys Phantasie, wird ein Baum außerhalb von ihr. Die imaginativen Kräfte, die hier am Werk sind, dürfen nicht unterschätzt werden, denn sie entspringen unserem Bedürfnis, uns mit dem in Verbindung zu setzen, was wir sind.

Die Phantasie als Verstärker der Identität darf nicht mit der eher gängigen Auffassung von Phantasie als illusorischem Prozeß oder (wie manche es vielleicht ausdrücken würden) So-tun-als-ob verwechselt werden. Erstere ist ein Prozeß, mit dem wir eine perzeptive Verbindung zwischen uns und dem, was uns umgibt, herstellen. Diese perzeptive Verbindung ist eine biologische Tätigkeit in dem gleichen Sinn wie Auge, Zunge, Ohr, Nase, Finger uns zum Sehen, Schmecken, Hören, Riechen und Tasten befähigen. Ohne Phantasie und Vorstellungsvermögen wäre es uns unmöglich, die unendlich vielen Facetten unserer Sinne zu erfahren. Imagination ist ein organischer Prozeß, der den Dingen die gleiche Individualität aufprägt wie unsere Fingerabdrükke oder der Tonfall unserer Stimme.

Beim Zeichnen ihres Baumes aktivierte Emily einen Impuls ihrer Phantasie. Dieser entsprach einem instinktiven Bedürfnis, das die inneren Bilder auf einen äußeren Gegenstand projiziert. Das Bedürfnis zu sagen, was ich sehe, fühle, wissen will oder nicht weiß, ist genauso eine biologische Notwendigkeit wie Essen, Lieben oder Atmen. Ob wir uns musikalisch, körperlich, schreibend, sprechend oder bildnerisch mitteilen, immer beziehen wir uns auf den ersten Ausdruck, die erste bedeutende Geste, mit der das menschliche Leben sich ausdrückte und bewußt zu erkennen gab.

Letztes Jahr arbeitete ich in der gleichen Schule, in der ich Emily traf, mit José, auch einem Zehnjährigen, der in einem Augenblick erhöhter Konzentration und Aufmerksamkeit die Bilder ansah, die er gerade vom Himmel gemalt hatte, und er erzählte mir, was er sah:

Der Wind treibt
den Himmel
durch dich hindurch.
...
Ein Himmel ist, als ob man drin wäre,
also ist der Himmel ein schöner Himmel
für die Familie, die ich im Herzen habe.

Ich stelle mir vor, daß er immer da sein wird.
...
Wenn du dich drehst
und immer schneller drehst
sieht es so aus

als ob du mit dem Himmel
wegfliegst.
...
Wenn es regnet
kommt ein weicher Wind zu dir.

Der Wind liebt seinen Körper.

Das erinnerte mich daran, wie wir uns als biologische Wesen in unserem Vorstellungsprozeß auch stets mit den sich wandelnden Naturprozessen im Austausch befinden, sie durchdringen und uns mit ihnen vermischen. Im tiefsten Inneren unserer Phantasie fühlen wir mit José, daß der Himmel durch uns hindurchtreibt und mit uns wegfliegt und der Wind seinen Körper liebt.

Ist das elektrisch geladene Pulsieren der Gedanken vergleichbar der immensen Energie, mit welcher der Wind sich vorwärts bewegt? Ist die Schaltungsanordnung im Gehirn dem komplexen Netzwerk von Kräften verwandt, das sich in den kleinsten Teilchen der lebenden Materie findet? Ist unsere Phantasie vielleicht der Spiegel dessen, was wir in der Natur beobachten – die Gestaltung der uns umgebenden Welt? Können wir den Imaginationsprozeß, statt als abstraktes Anhängsel, als Hauptquelle unseres Bewußtseins ansehen, so daß wir wie José »die Familie, die ich in meinem Herzen habe«, erkennen, wo der Himmel »immer da sein wird«?

Wenn wir unser Verständnis der Phantasie korrigieren, so daß sie zur Grundlage des Lernens wird, werden wir Emilys Baum mit anderen Augen ansehen. Durch die äußere Darstellung ihres inneren Bildes von einem Baum schuf sie einen Funken, einen Glühfaden der Energie, den sie in ihr Herz schließen kann. Sie schuf eine Brücke vom imaginativen Akt zu einem Ausschnitt des Himmels, den sie in ihrem Herzen mitnehmen kann, nicht als Abstraktion oder Metapher, sondern als physischen Beweis ihrer Lebendigkeit.

Wenn wir die Kinder lehren, nur die Ergebnisse ihres Lernens wertzuschätzen, haben wir die Seele des Lernens verloren: ein nie versiegendes Mittel, das einzigartige Lebensgefühl zu verstehen, das jedem von uns mitgegeben worden ist. Emilys Zeichnen eines Baums ist gewiß noch kein voll entwickelter Lehrplan, aber es ist eine Entscheidung, die Energie zu bewahren, die unsere innere Welt darstellt.

# Die Sprache der Regenbogen

Wenn ältere Freunde sich treffen und über eine gemeinsame alte Bekannte sprechen, dann fällt schnell der Satz: »Ich frage mich, was aus ihr wohl geworden ist.« Am anderen Ende des Spektrums fragen sich Eltern bezüglich ihrer Kinder erwartungsvoll, offen oder insgeheim: »Was wird aus dir wohl werden?«

Damit wird vorausgesetzt, daß wir, indem wir unseren Lebensweg gehen, etwas »werden«. Wir gehen von einem Seinszustand in den anderen über – von der Kindheit zum Erwachsensein, von der Abhängigkeit zur Selbständigkeit, von der Unkenntnis zum Wissen.

Unser Begriff des »Seins« enthält eine Dimension des »Werdens«, die für uns der Entwicklung des Lebens selbst zugrunde liegt – aus dem Samen in der Erde wird ein Baum, aus dem Nachmittag wird Abend, der Regen fällt und wird ein Tümpel. Wir unterstellen, daß »Werden« eine natürliche Konstante ist, unabhängig davon, daß wir die meiste Zeit die Veränderungen, die mit uns vorgehen, nicht zur Kenntnis nehmen wollen. Wir gehen nämlich davon aus, daß etwas, das sich verändert, sich von dem ablösen muß, was es einmal war. In unserem Fall ist das Erwachsenwerden gleichbedeutend mit der Preisgabe des Kindes, das wir einmal waren. Das ist richtig – doch besteht die Gefahr, daß wir aus gesellschaftlichem Anpassungsdruck etwas von der Kindheit aufgeben, das für Veränderung und »Werden« in unserem Leben eine Schlüsselrolle spielt.

Dies wurde mir klar, als ein befreundeter Lehrer mir die Zeichnung eines Regenbogens von einem siebenjährigen Mädchen namens Rachel gab. Das besondere war nicht der Regenbogen, den Rachel gezeichnet hatte, sondern was sie in kräftigen Buchstaben über die obere Hälfte des Blattes geschrieben hatte: »Ein Regenbogen ist eine geheime Sprache.«

Während ich über diesen Satz nachgrübelte, fand ich mehreres heraus. Sie hatte ein Beispiel für die außerordentliche innere Fähigkeit des Kindes gegeben, tief in das Wesen der Dinge zu schauen. Dies ist nichts, was Kindern beigebracht wird, sondern eine intuitive Gabe, die das Wachstum der Kinder begleitet. Die Fähigkeit, tief zu schauen – mit anderen Worten: das Spektrum der Möglichkeiten, etwas wahrzunehmen –, zeigt sich in Rachels Fall darin, wie leicht sie Sprache und Sprechen mit einem Regenbogen in Verbindung bringt. Eine sowohl sinnliche wie geistige Anverwandlung erlaubt ihr, den Regenbogen nicht als gegenständliches Objekt, sondern als lebendiges Wesen zu erleben, als Teil von sich selbst. Sie identifiziert sich mit dem Entstehen eines Regenbogens. Er wird ihr Regenbogen, wenn sie uns sagt, daß der Regenbogen »eine geheime Sprache« ist. Kennt sie das zugrundeliegende Geheimnis? Oder benennt es ihre Suche nach dem, was hinter dem Wunder- und Zeichenhaften alles Lebenden sich verbirgt?

In dem Prozeß, in dem aus dem Kind ein Erwachsener wird, sollte Rachels Wahrnehmung nicht über Bord geworfen werden. Wenn wir Menschen älter werden, sollten wir uns den Sinn für Rachels Regenbogen bewahren. Unsere technischen Fertigkeiten sind erstaunlich und in sich selbst wertvoll. Doch diese mechanischen Errungenschaften sollten uns nicht für die Notwendigkeit blind machen, daß wir die Gestalt des Wissens in unserer Kindheit bewahren müssen. Vielleicht gründet unser Bedürfnis, die poetischen, mythischen und künstlerischen Fähigkeiten in uns wachzuhalten, in der menschlichen Sehnsucht nach der spielerischen Freude und kreativen Energie der Kinder. Heute mehr denn je müssen wir das Gleichgewicht halten. Während wir möglicherweise die definitive Glühbirne erfinden, die ultimative Waffe oder den unübertrefflichen Tonträger – so werden wir glücklicherweise doch nie das aus der Ehrfurcht geborene Wissen vollenden. Denn so viele Regenbogen es auch geben wird, so unzählig viele Kinder wird es geben, die sie anschauen. Und in einem Augenblick von entscheidender Intensität werden diese Kinder verstehen, daß der Regenbogen eine Sprache spricht, deren Geheimnis das in uns nachklingende Staunen über unser Leben ist.

# IV
# In der Natur

# Die Gestalt der Blüte

In einer bewaldeten Gegend in Hingham, Massachusetts, sitzen Schüler einer vierten Klasse teils allein, teils in kleinen Gruppen von zwei, drei oder vier unter den Bäumen, auf Steinen, zwischen Wildblumen und betrachten das Schauspiel der erwachenden Natur. Es ist ein Tag im Frühling, die Luft ist klar, immer wieder von Windböen aufgefrischt. Die Kinder haben kleine Mappen bei sich, in denen sie ihre Papierblätter mit Gedichten und Prosatexten aufbewahren. Abgesehen von gelegentlichem Gelächter sind die Kinder still, während sie sich an die Ruhe und Intensität ihrer Umgebung gewöhnen.

Ich gehe zwischen ihnen umher und staune über ihre Konzentration. Viele Kinder schauen einfach nur und warten auf den Augenblick, wenn das, was sie betrachten, zu ihnen zu sprechen beginnt. Ich beobachte Paul, der seine Gedanken auf ein Blatt Papier notiert. Abwechselnd schaut er in den Himmel und wieder auf sein Blatt – versunken in ein Gespräch zwischen sich und dem Himmel. Etwas später gehe ich zu ihm, und er zeigt mir, was er geschrieben hat:

Der Wind ist sanft und seidig.
Eine einsame Wolke
zieht still vorbei.

Ein einzelner Vogel fliegt auf und davon.
Eine Wolke kommt
und hilft mir nach Hause.

Ich sage ihm, wie wunderbar er den Augenblick eingefangen hat – auch das Gefühl für sich selbst inmitten der Bewegung und des Rhythmus der Natur. Er versteht, was ich meine, weil er an einem faszinierenden Projekt teilgenommen hat, das in der South School von Hingham, einer Vorortgemeinde von Boston, stattfand.

Das Ziel des Projekts war es, Schüler der vierten Klasse mit der Kultur und dem Denken Chinas bekanntzumachen. Es war eine intensive zehnwöchige Beschäftigung mit chinesischen Ideen, von der Kalligraphie bis zum Gebrauch von Bambus, Holz und Ton; von chinesischem Essen und der Rolle des Yin und Yang in der Ernährung bis zur Vorstellung von Buddhismus, Konfuzianismus und Taoismus. Wir versuchten, nach Regeln chinesischer Ästhetik künstlerisch zu arbeiten und Gedichte zu schreiben. Das Projekt erlaubte sowohl Lehrern wie Schülern, eine andere Kultur auf anregende und schöpferische Weise kennenzulernen.

Ich arbeitete mit den Kindern in der klassischen Tradition des chinesichen Dichtens. Ich kann zwar weder Chinesisch schreiben noch lesen, bin aber ein großer Bewunderer der chinesischen Kunst und habe darüber ein Buch für junge Erwachsene publiziert »The Luminous Landscape: Chinese Art and Poetry« (Die leuchtende Landschaft: Chinesische Kunst und Dichtung). Ich legte dieses Buch unserer Arbeit zugrunde und fing an, mit den Kindern die Art und Weise zu erforschen, wie der chinesische Dichter die natürliche Welt auffaßt und seine dichterische Aussage gestaltet. Mein Hauptinteresse war dabei, die Kinder dazu anzuleiten, die chinesischen Gedichte als Leitbilder zu benutzen, um ihren eigenen persönlichen Ausdruck für die natürliche Welt zu finden.

Pauls Auffassen der Bewegung und des Rhythmus der Natur

– und insbesondere das Verstehen seiner selbst als Teil davon – resultierte aus Gesprächen, die ich zuvor mit den Kindern geführt hatte. Wir hatten zunächst über Ch'i – die chinesische Idee eines Geistes, der in allen Elementen der Natur vorkommt – gesprochen. Diese Vorstellung stammt aus dem umfassenderen Glauben an das Tao – das die Natur, gleichgültig, ob Bäume, Felsen oder Flüsse, als etwas Lebendiges ansieht. Ch'i – der Geist, der in ihnen wohnt – ist es nun, der diesen Elementen Individualität verleiht.

Bevor die Kinder sich niederließen, hatte ich nicht nur über das Anschauen der Dinge gesprochen, um hinter deren Fassade vorzudringen, sondern auch über das Verschmelzen von Gefühlen, die von einem Objekt ausgehen, mit den Gefühlen der Kinder selbst. Anders gesagt ging es mir darum, dem nahezukommen, was ein chinesischer Dichter so umschrieb: »Himmel und Erde leben zusammen, und alle Dinge und ich sind eins.«

Ich las die folgenden Gedichte der klassischen chinesischen Dichter Zhu Xi und Mei Yao-chen vor:

Gedanken beim Lesen
Der Spiegel des Sees schimmert.
So groß wie ein halber Morgen.
Das Leuchten des Himmels
Und das Weiß der Wolken,
spiegelt sich auf sie zurück.
Ich frage den See, wo ich sonst
So Reines und Klares finden kann.
»Nur in den Quellen des Wassers,
Das Leben ist.«

Ein Waldweg, von Moos überdeckt
Sommerregen macht den Wald zum Morast.
Einfallende Sonnenstrahlen spiegeln sich in tausend Lachen.
Reines Grün, kein Wind rührt daran;
Laßt das Frühlingsgras lächeln!

Vor allem wollte ich die Kinder dazu ermutigen, etwas zu tun, was viele von ihnen unbewußt seit frühester Kindheit getan hatten – die natürliche Welt zu betreten, so wie sie ihr Zuhause betraten. Ein wesentlicher Aspekt der Phantasie ist, das Leben in den Dingen »zu fühlen« und die Eigenheit der Dinge in Begriffen menschlicher Persönlichkeit zu erspüren. Für die Kinder bestätigte ein Satz wie »Laßt das Frühlingsgras lächeln« nur etwas, was sie längst entdeckt hatten, als sie und das Gras in privilegierten Momenten des Spiels voneinander durchdrungen waren. Dieser taoistische Gedanke wird in einigen Gedichten der Kinder sichtbar, die sie an jenem Tag und in darauffolgenden Begegnungen zu Papier brachten:

Ein glitzernder Schimmer läuft durch die Bäume,
durch die Büsche, die Blätter.
Ein großer weißblauer Kreis ist im Himmel
über allem.
Ein kleiner See spiegelt das alles.
Mondbeschienene Pfade summen Melodien auf ihrem Weg
durch den Wald, über Bäume, Dickicht und Beeren.
*Abby*

WASSER
Lächelt mich an
Es sieht aus wie ein Regenbogen
Von Farben unter dem Meer.
Die Monde winken sich zu,
Weil es so schön ist.
*Erin*

Ich sehe den Mond
der sich im Wasser spiegelt.
Er schwimmt sehr schnell.
*John*

Die beiden letzten Gedichte sprechen einfühlsam vom Wasser. Während des Projekts führte ich den Begriff Shan-shui aus der chinesischen Landschaftsmalerei ein, was soviel wie Berg-Wasser-Bild heißt, um eine solche Einfühlung zu ermutigen. In der chinesischen Kultur sind Berg und Wasser Symbole von großer spiritueller Bedeutung, wie dies die Grabschrift des Malers Yuan Meng-hui zeigt:

In den Bergen
Siehst du
Des Menschen Herz.
Im Wasser, Weisheit.

Eines der ersten Dinge, die ich die Kinder nach unserem Ausflug in die Natur ermutigte zu tun, war, eine Art Bildrolle (gefertigt aus einem Streifen Papier aus einer Rechenmaschine) anzufertigen, auf der sie eine Reise durch eine Phantasielandschaft aus Bergen und Wassern aufzeichnen konnten. Gedichte, Bilder und Gedanken hatten in dieser Landschaft Platz, nicht unähnlich der Kalligraphie (und der meisten Gedichte), die sich auf klassischen chinesischen Landschaftsdarstellungen findet. Wenn man die Landschaften der Kinder ausrollte, befanden sich in der Ecke eines Himmels oder über einem Berg oder neben einem Fluß Betrachtungen über das Wasser:

Ein kühler, erfrischender Bach,
der den Berg hinabfließt
wie ein Roß,
das den Berg runtergaloppiert.
*Alison*

Das Boot war lebendig, weil es über das Wasser glitt. Der Wasserfall war lebendig, weil er hinunterstürzte. Der Berg war lebendig, weil die Bäume auf ihm standen.
*Brad*

Ich sitze neben einem Wasserfall. Es ist kurz vor Sonnenuntergang. Es ist kalt. Ein endloser Fluß. Einige legen sich hin. Wüste von Wasserfällen.
*Jane*

Wasser ist der Schnitzer,
der Heiler
und der Lebensspender
der Natur.
*Danny*

Abgesehen davon, daß ich den Kindern mit dem Beispiel chinesischer Gedichte helfen wollte, auf die Natur zu reagieren und über sie zu schreiben – was sie instinktiv können –, hoffte ich auch, daß sie dadurch eine tiefere Einsicht in die Phänomene, die ihnen selbstverständlich waren, gewinnen könnten.

Vieles in der chinesischen Poesie und Kunst beschäftigt sich mit genauen und feinsinnigen Beobachtungen des Fließenden in der Natur – das wir aufgrund seiner Flüchtigkeit oft nicht wahrnehmen.

DEICH DER SILBERREIHER
Wusch! Der Reiher taucht in die roten Lotusblüten ein.
Wisch! Er schneidet Wellen ins klare Wasser.
Wie schön er aussieht in seinem neuen seidenen Federkleid,
Stolz sich wiegend auf dem alten Floß, einen Fisch im Schnabel …
*Wang Wie*

LOTUS-TEICH
Ohne Furcht vor dem prasselnden Regen
Geben die perlmutternen Blätter sich Schutz auf dem Teich.
Farbenprächtige Vögel fliegen plötzlich auf,
Ihr Schwung erschreckt das letzte Sonnenlicht auf den leisen Wellen.
*Mei Yao-chen*

Ich bat die Kinder, ihre Beobachtungen in einem einzelnen Bild wiederzugeben. Ich ermutigte sie, daß das Bild für unsere Phantasie genügen wird, um Poesie darin zu finden – und dies sahen sie:

Eine Schlange kriecht
über die Erde wie ein Baby
durch das Zimmer krabbelt.
*Bruce*

Ein Kaninchen rannte
durch den Wald,
während der Schnee
ganz leise fiel.
*Melissa*

Das Boot segelt auf dem Wasser.
Die Bäume sind noch voller Tau.
*Shannon*

Solche Beobachtungen schärften unsere Aufmerksamkeit und vermittelten uns einen Zugang zur meditativen Empfindungswelt der chinesischer Poesie. Wir lasen das folgende Zitat aus den Schriften des chinesischen Malers Jie Zi Yuan Hua Zhan – und nahmen den Mond als ebenso lebendig wie uns selber wahr:

> … eine Figur sollte nachdenklich den Berg betrachten; der Berg sollte umgekehrt aussehen, als beuge er sich vor und betrachte die Figur. Ein Lautenspieler, der sein Instrument zupft, sollte ebenso dem Mond lauschen, während der Mond, still und stumm, auf die Töne der Laute horcht.

Wir sprachen lange über den Mond und besonders über den Zauber seines Lichts.
Da die chinesische Dichtung eine malerische Qualität hat, wirken ihre Wörter wie kadenzierte und rhythmisierte Pinselstriche, die den subtilen und zuweilen überschäumenden Bewegungen des Lichts folgen, das den Weg zu uns findet.
Wir hörten und sahen, als wir das folgende Gedicht von Yang-di lasen:

Blumen und Mondlicht auf dem Frühlingsfluß
Der Fluß am Abend ist still und reglos –
Die Frühlingsfarben erblühen eben jetzt.
Plötzlich trägt eine Welle den Mond fort,
Und die Flut bricht mit ihrer Sternenfracht herein.

Ich forderte die Kinder auf, von sich aus aufzuschreiben, wohin das Licht scheint – jede Lichtwelle mit der gleichen Intensität zu spüren, wie sie ihren eigenen Körper spüren würden, wenn sie in dunkler Nacht allein durch den Wald gingen. Sie erinnerten sich an ihre eigenen Erfahrungen mit dem Mondlicht – und dann schrieben sie auf kleine Zettel:

Der Mond hat kleine Wellen
Wie das Wasser.
Er spiegelt sie wider,
Und sie blicken einander an.
*Sara*

Als das Mondlicht die schöne Blume berührte, brach ihre Blüte plötzlich vor Freude auf.
*Samantha*

Der Mond scheint. Ein Gedicht. Wenn du das Gedicht im Mondlicht lesen kannst, wird es ins Weltall leuchten. Dann wird alles um uns herum zu einem Gedicht. Wenn es aufs Meer fällt, sehe ich sie beide miteinander reden. Ein Stück spiegelnden Mondlichts.
*Joe*

Wir hoffen, daß die tiefe Einsicht des Taoismus, die unser Leben als wechselseitigen Austausch mit der Natur begreift, nicht verlorengeht. Für diese Kinder ist das Gefühl der Gemeinschaft mit Bäumen, Vögeln, Gras, Bergen und Wasser nicht nur eine Erfahrung des eigenen Schreibens und der Literatur, sondern eine Art der Selbstwahrnehmung ihres Lebens.

Als sie an jenem Frühlingsmorgen das Erwachen der Natur

beobachteten, verstanden sie, was Joe meinte, als er schrieb: »Alles um uns herum ist ein Gedicht«. Oder die Zeile des chinesischen Dichters Zuan Mei: »Wenn wir nur nach Poesie suchen, wird es Poesie geben …« Sie drückten ihr Einssein aus – mit der tiefsten Energie aller Lebewesen – und entdeckten nicht nur das Ch'i in ihren eigenen Worten, sondern ebenso das Ch'i in dem, worüber sie schrieben. Solche Entdeckungen sind die Grundlage, auf der Literatur und Erfahrung sich näherkommen. Ein Junge, Philip, formulierte dies so kurz und bündig wie nur ein chinesischer Dichter:

> Wenn ich die Blume berühre, spüre ich die Blüte Form annehmen.

# Ein einfacher Ast genügt

Haben Sie nicht manchmal, wenn Sie im Auto oder im Zug unterwegs waren, gespürt, wie schnell die Landschaft sich von Ihnen entfernte? Berge, Felder, Bäume, Felsen und Seen erscheinen im Nu mit strahlender Präsenz, gehen ineinander über und sind ebenso schnell wieder verschwunden. Unsere Augen schnappen diese und jene Facette einer Landschaft auf, und am Ende unserer Reise haben wir eigentlich nur gesehen, wie schnell die Natur an uns vorbeizog – sie ist verschwunden in einem »hübschen« Bild, zufälliger Hintergrund dafür, daß wir irgendwo angekommen sind.

Wenn wir aus einem Flugzeug hinausschauen und sehen, was frühere Kulturen sich zu sehen sehnten – Erde und Himmel in transzendenten Farben und Formen vereint –, so bleibt auch am Ende des Flugs von den Landschaften der Erde und des Himmels, die wir in höchster technischer Effizienz durcheilten, wenig übrig.

Ein Fernsehprogramm über die Natur entfernt uns von der physischen Gegenwart der Landschaft. Bilder rollen vor uns ab – und während wir über die Details des Gesehenen staunen, wird die Erfahrung eine »Paranthese« in der Vorwärtsbewegung unseres Lebens und dem Ansturm von Bildern.

Es ist kein Wunder, daß wir »Natur« heute mit anderen Augen ansehen, da wir uns mit solchem Tempo in ihr bewegen. Es ist auch kein Wunder, daß viele Kinder, ob sie in städtischer oder ländlicher Umgebung wohnen, als Teil dieses beschleunigten Lebens kaum einen echten Zugang zur Natur mehr entwikkeln können – und ich meine nicht als Fernsehbild oder als Bild aus dem Autofenster, sondern als etwas hier und jetzt Existierendes: um uns her, in uns, ein Prozeß, in den wir eingebettet sind und der uns im Innersten verankert.

Ohne eine Kenntnis der Natur im eigenen Inneren besteht für Kinder – und für Erwachsene – die Gefahr, daß ihnen das Leben der Gedanken und der Phantasie verborgen bleibt: doch die Fähigkeit, dieses Leben zu spüren, ist für die innere Ökologie ebenso wichtig wie die Wälder für die in ihnen lebenden Arten.

Die Vorstellung, daß zwischen unserem Mensch-Selbst und unserem Wasser-Selbst, unserem Blatt-Selbst oder unserem Tier-Selbst ein Zusammenhang besteht, verklärt nicht auf romantische Weise die Natur, sondern sie ist zeitlos.

Wie aber überwinden wir die Verkrampfung des Denkens, die von der perfekt erscheinenden brillanten Technologie herrührt, welche jede Nische unseres Bewußtseins besetzt hält? Wie können wir die Kinder wieder dahinbringen, daß sie das Recht auf ihr inneres Staunen selbstverständlich in Anspruch nehmen? Wie können wir den Kindern helfen, die Farben einer Blume zu entdecken mit der begeisterten Weisheit jemandes, der nicht nur eine Sprache gefunden hat, um sich auszudrücken, sondern auch den wortlosen Ausdruck der blauen, roten und gelben Farbe der Blume?

Ein möglicher Weg ist, die »Natur« in unserer Phantasie wieder zu beleben. Die Kinder an einem Prozeß zu beteiligen, in dem auf das »innere« Sehen und imaginative Vorstellen ebenso Wert gelegt wird wie auf das »äußere« Sehen. Kurzum: eine imaginative Brücke von der »Natur«, in der wir leben, zu der Natur in uns selbst zu bauen.

Für den Anfang genügt ein einfacher Ast. Wir lassen den Ast in der Klasse herumgehen – die Kinder sollen ihn anfassen, seine feinen Konturen, seine Bruchstelle, seine ihm eigene Geschichte spüren. Wir sprechen zunächst davon, wo der Ast herkommt und wie er von einem Baum abbrach.

»Glaubt ihr, daß der Ast etwas gefühlt hat, als er zu Boden fiel?« frage ich die Kinder, die sich mittlerweile ein Leben für den Ast ausgedacht haben, das er noch nicht hatte, als wir mit der Stunde anfingen. »Wie sah der Baum aus, von dem der Ast stammt?« frage ich weiter. Fast ohne zu zögern, stellen einige Kinder mit ausgestreckten Armen, einige mit Beschreibungen (»Der Baum war höher als das Klassenzimmer«) und einige mit Zeichnungen dar, wie der Baum ausgesehen haben mag.

Leichter und schneller als erwartet, sind wir in die Phantasie eingetreten. Und selbst für die Kinder, die nicht recht wußten, was sie sagen sollten, stand nie in Zweifel, daß es sie gab. Der Augenblick, wenn Kinder sich los- und ihrer Phantasie überlassen, ist oft von einem Aufseufzen kollektiver Erleichterung begleitet – die Kinder lächeln untereinander, sie wissen, daß ihre innere Welt niemandes alleiniger Besitz ist, sondern eine riesige Ansammlung von Informationen in jedem von ihnen, ähnlich dem vielstimmigen Kosmos des Meeres oder einer Sommerwiese. Ohne eigens artikuliert zu werden, entsteht eine intuitive Offenheit und Bereitschaft dafür, daß wir nun alle die Sprache der Phantasie sprechen, ohne dafür kritisiert zu werden. Es ist der Himmel, in dem sich jeder von uns befindet.

Wenn wir uns erst einmal auf den Weg gemacht haben, fühlen wir uns bald wohl dabei, dem Baum unserer Phantasie beim Wachsen zuzuschauen. Wie wir selbst bewegt er sich, wird älter und spricht auf seine Weise.

> Mein Baum spricht zu mir. Er sagt
> »ächz, ächz«, und das heißt »oh, dieser
> Wind ist zu stark für mich«.
> Und ich sage zu meinem Baum, ich weiß,
> was du meinst, denn ich fühl es auch hier unten.
> *Soo Jin*

Blätter geben den Bäumen Ideen –
dann macht es Plopp im Kopf des Baums –
und dann gibt er all seine Ideen
an die Tiere und Pflanzen im Wald weiter.
*Damien*

Laßt es einen schönen Tag sein und laßt
die Sonne und den Regenbogen herauskommen.
So denkt mein Baum.
*Stephanie*

Das »Sprechen« wahrzunehmen, der Wunsch, die »Unbelebtheit« der Natur zu hören und von ihr angesprochen zu werden, ist weniger eine Verirrung unseres Bewußtseins als die untrügliche Hoffnung, daß unsere Welt sich mit der Welt der Dinge verschwistern möge und daß sie sich gegenseitig hören und austauschen mögen, so wie in diesem Lied der Navajo-Indianer:

Stimme über mir,
Stimme des Donners,
sprich aus dem
Dunkel der Wolken;
Stimme unter mir,
Stimme der Heuschrecke,
sprich aus dem
Grün der Pflanzen;
damit die Erde schön werde.

Daß die Phantasie spricht – das Wissen, daß es ohne Atmen kein Leben gibt –, ist ein entscheidender Schritt zur Vermittlung des »inneren« Ich mit dem »äußeren« Es. Die Natur hört weder am Auto- oder Flugzeugfenster noch am Bildschirm auf.

Die gleiche Klasse, die sich anhand des Astes einen Baum vorstellen sollte, ging zwei Wochen später in einen Park, um sich Bäume anzuschauen. Aber mehr als um das Anschauen ging es darum, sich in einen Baum hineinzuversetzen.

Als ich noch kleiner war, versuchte ich
ein Baum zu sein, und ich spürte wie die Äste
aus meinen Händen kamen und Blätter
aus meinen Fingern kamen und Äste
aus meinem Kopf wuchsen.
Ich bin gerne ein Baum.
*Bryan*

Das bin ich, und ich bin ein Baum, und
ich habe eine Mutter und einen Vater. Es ist nicht
schwer, ein Baby zu haben, wenn du ein Baum
bist. Du weißt eben, daß du ein
Baby haben wirst, aber sonst weiß es niemand,
denn wenn ein Baum ein Baby hat,
wächst eine kleine Wurzel aus dem Boden.
Die Wurzel, die aus dem Boden
kommt, war ich, und so wurde ich
geboren. Ich habe Tanten
und Urgroßmütter.
*Jianna*

Mit dem Sich-Einfühlen in die Welt des Baumes gewinnen die Kinder Zugang zu der »Natur«, die in uns ist, statt der flüchtigen Erscheinung einer Natur fern von uns. Mittels des mythopoetischen Kunstgriffs der »Transformation« werden die Kinder zum Leben des Baumes. Wie Edith Cobb in ihrem Buch »Ecology of Imagination in Childhood« (Die Ökologie der Imagination im Kindesalter) bemerkt, erlangen Kinder durch ihre imaginativen Reisen eine äußerst kostbare Form des Wissens, »mitfühlende (sich einfühlende?) Intelligenz«. Wer diese Intelligenz findet, der betritt zugleich die Landschaft seines eigenen Selbst.

Die Faszination der Kinder am Wachstum, ihrem eigenen und dem anderer, ist hier von Hilfe. Wenn sie Parallelen zwischen ihrem Wachsen und der laufenden Vermehrung, Ernährung und Entwicklung der Nachkommenschaft in der Natur entdecken, wird die kollektive Einheit, die wir als Natur kennen, weniger abstrakt. Bevor wir Kinder mit der Ökologie der Außenwelt vertraut machen, müssen wir sie zunächst in ihre eigene Ökologie einführen. Wir müssen ihnen den Anteil daran klarmachen, den sie am Leben und Überleben des Planeten Erde haben, und was dieser Anteil mit der inneren Landschaft jedes einzelnen zu tun hat.

Ein Baum ist nicht nur ein einfach ein Baum »da draußen«, sondern der Baum, der jeder von uns, in metaphorischem und in biologischem Sinne, ist. Wir brauchen Bäume für Papier, Sauerstoff, Holz, Schatten und Schönheit, und wir brauchen Bäume, damit sie in uns Wurzeln schlagen: als Wesen nämlich, die den gleichen biologischen Gesetzen unterliegen wie wir selbst. Der Eingangspunkt ist die Imagination und das sie begleitende sensorische Erfassen. Dieses Zwiegespräch ist nicht nur ein kindliches Bedürfnis, sondern eine Tatsache des Lebens, der Lebendigkeit, – der wechselseitigen Geburt, des gemeinsamen Wachstums und schließlichen Tods. Es war William Blake, der schrieb:

> ... Der Baum, der manche zu Freudentränen rührt, ist in den Augen anderer bloß ein grünes Ding, das im Weg steht. Manche sehen in der Natur nur Groteskes und Unförmigkeit, doch an diesen werde ich mein Verhältnis nicht ausrichten; und manche sehen die Natur so gut wie gar nicht. Doch für die Augen eines Menschen mit Phantasie ist die Natur die Imagination selbst.

Und bei Gaston Bachelard klingt ein ähnlicher Gedanke an:

> Die Phantasie ist ein Baum. Sie hat die wesentlichen Tugenden eines Baums. Sie ist Wurzel und Geäst. Sie lebt zwischen Erde und Himmel. Sie lebt in der Erde und im Wind. Der Baum der Phantasie wird unmerklich der kosmologische Baum, der Baum, der ein Universum im kleinen darstellt, der ein Universum ist.

Doch es ist Ted, einer der Schuljungen aus der Stadt, der, nachdem er einen Ast betrachtet hatte, sich einen Baum ansah – dann sich selbst und seinen Baum, und der, trotz der zwanghaften Neigung unseres Jahrhunderts, alles rascher erfassen und schneller erreichen zu wollen, sich Zeit für die innere Anschauung seiner Phantasie nahm:

> Wenn mein Baum wächst, wachsen auch
> seine Wurzeln. Dann wurde der Baum alt und
> dann fiel er um. Aber ich sehe ihn
> immer noch jeden Tag. Seine Wurzeln verliehen ihm den Zauber.
> Er kam vom Regen.
> Er zeigt seinen Zauber mit seinem Herzen.

# Die Geschöpfe, die sie sind

## Kinder, die ihre eigene Natur erobern

Vor noch nicht langer Zeit in einer Schulklasse in East Harlem versuchten Sieben- und Achtjährige, sich bunte Vogelmasken aufzusetzen. Mit Hilfe der Lehrer banden sich die Schüler die Masken um den Kopf. Als die Schnäbel am richtigen Ort saßen, begannen die Kinder, spontan zu flattern und Flugbahnen nachzuahmen, zu schnattern und zu zwitschern, wie eine Schar freigelassener Vögel. Im Nu hatte sich die normale Ordnung des Klassenzimmers in ein Durcheinander von schwingenden Armen und Schreien verwandelt.

Woher kam es, daß die Kinder mit solcher Gewandtheit und Erfindungsgabe so viele verschiedene Eigenschaften von Vögeln nachahmen konnten?

Bei dem Projekt ging es darum, die Phantasie der Kinder zu wecken, indem sie etwas anderes als sie selbst werden sollten. Wenn sie sich als Vögel imaginieren konnten, dann konnten sie auch tun, was Vögel tun – fliegen, wenn auch nur in der Phantasie. Wir wollten ihnen helfen, eine Schar von persönlichen Vögeln als Metapher für ihre eigenen Phantasien zu bilden. Die Vögel würden ihnen zu einer tieferen Erfassung der Welt der Vögel verhelfen – was sie sind, was sie tun und was sie uns bedeuten.

Die Kinder machten eine Reihe von Erfahrungen, die ihre Phantasie mit ihrem Wissen von den Vögeln in Berührung brachten. Zuerst sprachen wir mit den Kindern über Vögel. Natürlich hatten sie Tauben im Park herumspazieren oder zwischen Häusern fliegen sehen; sie hatten Spatzen am Boden herumhüpfen oder in Wasserlachen baden sehen; sie hatten gelegentlich das Krächzen von Krähen oder das Schreien von Möwen gehört.

Manche Kinder machten sich darüber Gedanken, wohin die Vögel verschwinden, wenn sie sterben; manche erinnerten sich, ein Nest in einem der Parkbäume entdeckt zu haben. Wir fragten sie, ob sie wie ein Vogel gehen oder ihren Kopf wie ein Vogel bewegen könnten, wenn er geht. Wir fragten sie nach der Funktion der Federn, warum Vögel bunt sind, wie weit Vögel wohl sehen könnten, wie sie fliegen. Die Kinder äußerten umstandslos ihre Ansichten und Vermutungen und hatten Freude an allem, was sie wußten und wissen wollten.

Wir brachten in diese erste Unterhaltung neue Ideen ein. »Glaubt ihr, daß es einen Vogel gibt, der Regen machen kann oder die Sonne in den Himmel tragen kann?« Wir baten die Kinder, sich vorzustellen, daß sie ein solcher Vogel wären, ein Schöpfervogel, der Dinge tun konnte, die Menschen unmöglich waren. Ein mutiges Mädchen stellte sich vor die Klasse und demonstrierte uns, daß sie durch eine besondere Bewegung der Arme die Nacht herbeirufen könnte. Ein anderer Freiwilliger ließ die Sterne verschwinden, indem er sie mit seinem Schnabel aufpickte. Und wieder ein anderer konnte Donner entfachen, indem er im Klassenraum herumrannte. Der Schritt von dem, was Vögel im wirklichen Leben waren, zu dem, was sie symbolisch und metaphorisch bedeuteten, war nicht schwierig.

Eines Tages brachte ich eine Adlerfeder mit in die Klasse. Ich zeigte sie herum und sprach von einem geheimnisvollen und scheuen Vogel, der in uns selbst hockt. Auch wenn wir schlafen, streift er durch unsere Gedanken und fliegt über weite Teile der Erde.

Wir gaben den Kindern Papier und baten sie, ihre Vorstellung von diesem Phantasievogel aufzuzeichnen. Ihrer Sache sicher, zogen sie sich an die Tische zurück, und jeder begann, ohne zu zögern, seinen eigenen Vogel zu malen.

Danach ermunterten wir jedes Kind zu beschreiben, was sein Phantasievogel alles konnte und wie er entstanden war. Die meisten – sogar diejenigen, die sich mit dem Erzählen von Geschichten normalerweise schwer taten – hatten keinerlei Mühe, ihre Ideen mitzuteilen:

> Dieser Vogel macht, daß alles lebendig wird!
> Er macht aus toten Blumen wieder blühende Blumen.
> *Leola*

> Dieser Vogel ist so mächtig, daß er aus der Nacht Tag machen kann. Sein Gehirn ist wie das von einem sehr intelligenten Mann. Wenn er aus der Nacht Tag macht, bedeckt er den Mond mit seinen Flügeln, und dann gibt er einen sehr lauten Ton von sich, um die Sonne aufzuwecken.
> *Derrick*

> Er hatte alle Farben der Welt. Der Vogel wuchs und wuchs. Immer wenn der Vogel wuchs, wurde die Sonne heller.
> *Gregory*

> Wie ihr wißt, mein Phantasievogel ist ein sehr alter Vogel, und so wurde er, als er geboren wurde, aus einem Fels gehauen.
> *Yeashea*

> Der Phantasievogel muß geboren werden, denn wenn er nicht geboren wird, dann würde er immer in unserem Kopf bleiben.
> *Jarrod*

> Mein Vogel wurde von einem Blitzschlag in meinem Kopf geboren.
> *David*

> Als mein Vogel in meinem Kopf war, war meine Phantasie größer. Manchmal kam der Vogel heraus und half mir, wenn ich mir etwas vorstellen wollte. Das machte er, indem er sich in das Vorgestellte verwandelte. Auch wenn mein Vogel herauskam,

konnte ihn niemand sehen. Aber in meinem Kopf konnte ich ihn sehen. Dann konnte ich sagen, was mein Vogel dachte. Und jeder dachte, daß ich intelligent bin.
*Harold*

WIND
Der Vogel schüttelt sich hin und her.
Dabei verletzt sich der Vogel.
Und dann fliegt er wieder auf und lacht.
*Saffiya*

Mein Vogel segelt ganz leicht über das Land. Er ist sehr besonders. Er hat ein großes Haus voller Staunen.
*Ebony*

Die nächste Stufe war, den Kindern zu helfen, Masken ihrer Phantasievögel herzustellen. Da sie am Leben ihrer Vögel Anteil hatten, konnte jedes Kind in gewisser Weise nachvollziehen, was die Menschen empfunden haben mochten, die zum ersten Mal bewußt einen Vogel wahrnahmen. Während die Kinder mit Papier und Farben zugange waren, hörten sie, wie Vögel seit den frühesten Zeiten zu den außerordentlichen Erscheinungen im Leben der Menschen gehörten. Bei den Indianern im Nordwesten Amerikas war es der Rabe, der »die Sonne vom Häuptling des Himmels stahl« und sie »in den Himmel setzte«, und der Tau-Adler von den Irokesen war es, der »eine Schale mit Wasser auf seinem Rücken trug und den kühlenden Tau über die heiße Erde ausschüttete«. Und nach den Chippewas wurde »der Wind von den flügelschlagenden Vögeln« gemacht, und »die Wolken waren die Flügel der Vögel, die das Licht am Himmel verbargen«.

Wenn man Kinder mit solchen Traditionen konfrontiert, dann vertieft dies ihre Beziehung zur Natur. Die Masken eröffneten den Zugang zu einer Welt, in der die Technologie unseres Jahrhunderts keine Rolle spielte und in der die sinnliche Präsenz einer anderen Tierart deutlich spürbar war. Phantasie (Imagination) ist das vermittelnde Moment zwischen uns selbst und der Außenwelt. Wie Joel, eines der am Projekt beteiligten Kinder, es ausdrückte:

> Mein Vogel kommt nachts bei Vollmond heraus. Er fliegt durch den Himmel. In der Nacht kann man ihn nicht sehen. Er ist in einem drin. Sein Name ist Phantasie. Er wohnt an einem Ort, der Herz Kopf Körper heißt. Jeder hat diesen Ort in sich. Ein paar Erwachsene halten das für kindisch, aber der Ort verläßt dich nie, auch wenn du ihn verbirgst.

Als das Schuljahr sich im Frühling dem Ende zuneigte, wollten wir eine kleine Feier abhalten, in dem das Vogel-Projekt zum Abschluß gebracht werden sollte. An einem Wochenende im Mai, an einem Tag, als ein leichter Wind die neuen Blüten bewegte, trafen wir uns im New Yorker Central Park.

Musiker, Geschichtenerzähler und Tänzer führten vor uns ein Programm über Vögel auf, die durch das menschliche Bewußtsein geflogen waren. Das Wunder des Fliegens schien eine greifbare Möglichkeit zu werden. Aus Karton und buntem Seidenpapier bauten sich die Kinder Flügel und malten sie mit leuchtenden Farben an. Nachdem die Flügel an ihren Armen befestigt waren, zog unser Vogeltrupp los, um die vier Vögel der Phantasie – Traum, Spiel, Verwandlung und Erinnerung – zu suchen, die sich hinter Büschen und Hügeln im Park versteckten.

Zum Staunen der Kinder und ihrer Gäste und unter viel Applaus tauchten beim Klang der Kinderstimmen und ihrem Flügelschlagen die Vögel, von vier Künstlern entworfen, tatsächlich auf – wie durch Zauberei zum Leben erweckt. Andere Vögel sahen von den Baumwipfeln unserem Treiben zu, als bolivianische Flötenmusik und Trommeln uns zum Ende des Festes einluden. Schließlich bat ich »Kranich« – die auf wundersamen Stelzen einherstaksende Erfindung eines weiteren Künstlers –, die Phantasie des Himmels auf die Flügel unserer Vögel herabzuholen. Und umgekehrt bat ich unsere Vögel, ihre Phantasie kraft der

Pappflügel zurück in den Himmel und ins Universum zu senden, zu dem wir gehören.

Müde, aber in Hochstimmung verließen die Kinder mit ihren Eltern und Freunden den Park. Ich sah ein Mädchen, das sich von den anderen abgesetzt hatte. Sie rannte, so schnell sie konnte, den Steinpfad hinunter, und ihre Flügel und Papierquasten raschelten im Wind hinter ihr her. Plötzlich verließ sie den Pfad und segelte um Büsche und Bäume herum, alle Leute vergessend, nur noch sich selbst und ihr Leben spürend – so wie es Tiere tun. Wer konnte unterscheiden, was in diesem Moment Vogel und was Mensch war? Wie sie mit ihrem Phantasievogel außer Sicht flog, bezeugte sie unsere menschliche Verbundenheit mit den lebenden Dingen. In den Worten eines der Kinder:

> Meine Gedanken sind wie ein fliegender Vogel.

# Das tiefe Wasser hat tiefere Fische

Wie bringen wir den Kindern die Imagination nahe? Wie machen wir den Vorgang der Phantasie zu etwas Wirklichem, wenn er doch gleichzeitig als eine nutzlose Form des Lernens gilt? Wie kommen wir an die »Sprache der Phantasie« heran, wenn viele Kinder sich ihrer Fähigkeit unsicher geworden sind, eine Sprache für ihre eigenen Gefühle und Gedanken zu finden? Was können wir tun, damit die Imagination zur zentralen Antriebskraft des Lernens wird, statt eine besondere Art der Intelligenz zu sein, Vorrecht nur von sogenannten »begabten« Kindern?

Werfen wir einen Blick in einen Klassenraum in der Lower East Side von Manhatten, wo ich mit Schulanfängern über Meerestiere spreche. Ich beginne, mit ein paar Schlüsseln aus meiner Tasche zu klappern. Ich flüstere ihnen zu, wie mich das Geräusch der Schlüssel an die Geräusche erinnert, die Fische auf ihrer Reise durch die dunkle Wasserwelt machen. Ich lasse meine Hand sich wie einen Fisch bewegen, sich hierhin schlängeln und dorthin winden – bis ein paar Kinder im hinteren Teil der Klasse jede Bewegung gebannt verfolgen. Ich fordere eines der Kinder auf, die Schlüssel zu nehmen und gemeinsam mit mir auf den Grund des Ozeans zu tauchen. In diesem Augenblick ist die ganze Klasse einzig und allein von diesem Wunsch beseelt; doch bevor wir jeden mitnehmen, wende ich mich an

Maria, das Mädchen neben mir. Ich gebe ihr die Schlüssel – und sie umschließt sie mit ihrer Hand. Ich frage sie:

»Hast du etwas dagegen, wenn ich einen Fisch von den Schlüsseln nehme und diesen Fisch mit mir schwimmen lasse?«

»Nein«, antwortet sie und reicht mir einen der Fische, die sie sich in den Schlüsseln in ihrer Hand vorstellt.

»Und hast du etwas dagegen, wenn ich einen der Fische deinem Lehrer gebe?« Er steht neben uns.

Maria stimmt zu und gibt dem Lehrer dann selbst eine Handvoll frisch entstandenen Fisch. Nun gibt es drei gesunde Fische, die nur darauf warten, in den Ozean entlassen zu werden. Ich bitte Maria, uns langsam ins Meer voranzugehen. Sie holt tief Luft (wir holen ebenfalls tief Luft), und vorsichtig gehen wir Schritt für Schritt ins wartende Wasser.

Lassen Sie mich hier kurz verweilen, denn was ich gerade beschrieben habe, berührt den Grund der Fragen, die uns anfangs beschäftigten. Wir nahmen an, daß es den Kinder leichtfallen würde, sich Dinge »vorzustellen«, da wir von einem Spiel ausgingen. Die Schlüssel, mit denen ich in der Hand rasselte – aus denen ich Fische und Fischlaute machte –, nahmen die Kinder schnell als Einladung an, mit mir zu spielen. Ich brauchte nur auf die allen Kindern eingeborene Fähigkeit zum Spiel zu vertrauen.

Mit ihrer Bereitschaft zum Spiel und sich darauf einzulassen, was in meiner Hand war, erkannten sie an, daß Spielen und Erfinden das gleiche war. Ein einfacher Wohnungsschlüssel bleibt solange ein bloßer Schlüssel, bis unsere Phantasie mit ihm zu spielen beginnt; dann kann er wie durch ein Wunder ein Fisch, ein Saurier, ein wandernder Baum, eine Wasserfontäne oder was immer werden. Wenn das Spiel begonnen hat, betreten wir eine Sprachwelt, die so weit und umfassend wie nur jede gesprochene oder geschriebene Sprache ist – eine Sprache möglicherweise, die (sofern Sprache unsere Fähigkeit zur symbolischen Kommunikation ist) viele überkommene Kommunikationsmuster hinter sich lassen kann. Denn hier haben wir eine Sprache, die jeden

Gegenstand – und sei es ein Schlüsselbund – aufgreifen und in Bilder verwandeln kann. Es ist eine Sprache, die uns befähigt, mit uns selbst zu sprechen, durch Worte, Gefühle oder klare Bilder und oft durch eine wunderbare Mischung dieser drei. Es ist eine Sprache, deren Grammatik davon bestimmt wird, was und wie wir spielen; eine Sprache, die nichts mit der zweckgebundenen Alltagssprache zu tun hat und die oft nur von denen verstanden wird, die bereit sind, auf verspielte Weise zuzuhören und zu antworten.

Das Besondere dieser Sprache ist, daß sie von niemandem gelehrt werden muß, denn es ist die erste Sprache der Kinder – sie ist ihnen eingeboren und kommt instinktiv zum Leben. Sie äußert sich zum ersten Mal, wenn ein Kind einen Ball, einen Stein oder ein Stück Papier zur Hand nimmt und damit zu spielen beginnt. Es ist die grundlegende Sprache, mit der Kinder Kontakt untereinander und zu den »Dingen« ihrer Welt aufnehmen.

Das ursprüngliche Lernen eines Kindes setzt ein, wenn diese Spielsprache zum Werkzeug seines Verstehens wird. In dem Spiel mit meinem Schlüsselbund versetze ich mich selbst zurück in eine Sprache und eine Art der Welterfahrung, für die die Kinder kaum eine oder gar keine Anleitung brauchen. Es ist allein ihre Bereitschaft, daran zu glauben, daß eine solche Sprache existiert, die darüber entscheidet, wie wir gemeinsam vorankommen.

In der von mir genannten ersten Klasse gibt es eine Reihe von Schülern, deren Muttersprache nicht Englisch ist. Doch plötzlich, da wir mit dem Fisch spielen, können sie sich ohne Schwierigkeiten und fließend ausdrücken. Wenn ich die Kinder auffordere, ihn zu beschreiben, schildern sie mir eine endlose Abfolge von langen, flachen, runden, silbrigen, schnellen und gewichtigen Kreaturen, die die Tiefseewelt ihrer Phantasie bevölkern.

Die Begeisterung, mit der die Kinder alles, was sie sich vorstellen, erzählen, erscheint mir als guter Anlaß, die Klasse zu bitten, die schwimmenden Geschöpfe zu malen. Was sie zu Papier bringen, ist keineswegs das idyllische Gewässer eines ruhigen

Ozeans, sondern eine Mischung aus einem freundlichen Meer und der verworrenen, gewalttätigen Welt, mit denen viele von ihnen alltäglich konfrontiert sind. Einige Kinder fügen von sich aus Geschichten und Gedichte in ihre Bilder ein.

> Die Männer verfolgen sich gegenseitig. Dieser Mann hat mit dem Mann hier gekämpft. Das ist Fischwasser. Ein Fisch stirbt darin. Der Mann hat geblutet. Die Schlange kroch unters Wasser, und die andere Schlange hat sie erwischt. Die andere Schlange sprang hoch, weil jemand sie auf den Kopf gehauen hatte.
> *Robert*

> Mein Fisch schlief – und er schwamm weit weg ins tiefe Wasser.
> Er schwamm zum Pfandhaus in die Stadt.
> *Kristle*

> Der Hai fiel ins Wasser.
> Er versuchte den Mann zu kriegen, und der Mann bewegte sich.
> Die Schildkröte will den Hai beißen.
> Doch dann beißt der Mann die Schildkröte.
> Der Hai sagt, die Schildkröte soll den Mann essen.
> Ich bin tot, weil du mich aufessen willst.
> Ich liebe dich.
> Ich liebe mich selbst.
> *Molik*

Wir helfen ihnen, kleine Ausschneidefiguren nach ihren Zeichnungen herzustellen. Mit diesen »Puppen« können sie Geschichten darstellen, indem sie sie leise durch die Luft bewegen, als ob sie, die Kinder, zu Geschöpfen in den unbekannten Tiefen der See geworden wären. Erneut befähigt die Sprache des Spiels viele der widerstrebenden Kinder, mit den anderen zu sprechen und auf sie zu reagieren. Die Geschichten, die sie erfinden, sind die inneren Welten, die viele von ihnen bewohnen, über die aber nur selten gesprochen werden kann. Wenn wir die Kinder bitten, doch mitzuteilen, was hinter den Gebärden und Bewegungen ihrer »Puppen« steckt, fangen sie an zu erzählen:

Der Wal ist blind.
Die Sonne ist zu heiß.
Die Kinder spielen »Kampf mit dem Hai«.
Das Boot geht unter.
*Michael*

Der Stern ist in der Erde.
Die Luft und der Stern vermischen sich.
Die Fische springen ins Meer.
Das Seepferdchen schwimmt im Meer.
Der Mann schwimmt im Meer.
Der Mann sieht einen Seestern.
*Theresa*

Stellen wir uns noch einmal die Frage, wie wir Kindern den Zugang zu ihrer Imagination erleichtern können, insbesondere benachteiligten Kindern, die mit der Komplexität eines »korrekten« Sprachgebrauchs ihre Schwierigkeiten haben. Das gilt natürlich nicht für die Erstklässler, die trotz sogenannter Sprach-Defizite keine Mühe damit haben, zu »spielen«, so zu tun »als ob«, etwas anderes zu werden, als sie sind, und auf einer »imaginativen Ebene« zu sprechen. Ihre imaginative Sprache ist prallvoll von einem Wissen, das jene Ansicht Lügen straft, daß Kinder, die wenig »wirkliche Erfahrung« mit dem Meer hätten, sich das Meer nicht lebendig »vorstellen« könnten. Immer wieder zeigt sich die Unhaltbarkeit dieser Ansicht. Vielmehr sind die Kinder offensichtlich zu einem Verstehen jenseits aller sachlichen Information fähig.

»Imaginatives Verstehen« ist eine tief empfundene Erfahrung und Intuition, die unter der Ebene der Alltagssprache und verbaler Artikulation arbeitet. Es ist eine Sprache, die aus dem, wer und was wir sind, ein sinnhaftes Ganzes macht; eine Brücke, die Unbekanntes mit Bekanntem verbindet, Gedankenfragmente mit Gedankenmustern, Fragen mit Antworten, Gefühle mit Wirklichkeiten. Ohne dieses Verstehen wären wir unfähig zur Wahrnehmung, wüßten wir nicht, daß wir sprechen und Symbole formulieren wollen, aus denen unsere tägliche Sprache besteht.

Wenn sich die Imagination in einer Gruppe von Kindern so leicht wecken läßt – einfach durch das Rasseln mit Schlüsseln und durch die Idee, daß Fische im Dunkel des Meeres schwimmen –, dann gibt uns dies vielleicht einen Hinweis darauf, wie anders wir Sprache mit Kindern gebrauchen können. Vielleicht müssen wir in weiten Teilen unseres Unterrichts eine Sprache des imaginativen Denkens zur Grundlage dessen machen, wie wir lehren und wie Kinder lernen können. Wir sollten zunächst die Kinder in die Metaphernwelt ihrer Spiele geleiten und, wenn sie sicher darin sind, ihnen dann ermöglichen, lernend von innen nach außen vorzudringen. (Wenn ich ein Fisch im Meer bin, wie fühlt sich das Wasser um mich herum an, welche Geräusche machen die Wellen, welche Farben hat das schwindende Tageslicht?) Die Fragen, die wir uns und den Kindern stellen, sind andere, wenn wir spielen, und die Antworten sind viel personenbezogener. Und damit wird die Sprache als ein Mittel, uns selbst zu erklären, weniger mechanistisch und distanzierend, sondern offener und authentischer.

Jessica, eines der Kinder, ging so sehr in ihrer Spiellaune auf, daß sie ihre Begeisterung kaum im Zaum halten konnte, wenn ich allwöchentlich den Fisch von den Schlüsseln ins Klassenzimmer schwimmen ließ. Sie wurde ihrer selbst sicherer, als sie in die Sprache ihrer Phantasie eintrat und merkte, daß wir, ihre Lehrer und Mitspieler, ihre Ideen und Vorstellungen guthießen, wenn sie über ihre inneren Vorstellungen schrieb oder sie in ihre Zeichnungen aufnahm. Eines Tages bat sie mich, neben ihr Platz zu nehmen, so daß ich eine Geschichte aufschreiben konnte. Als ob sie aus einem Buch läse, das sie auswendig gelernt hatte, blätterte sie die Seiten ihrer Gedanken um und kostete ihr Vorauswissen aus wie jemand, der instinktiv wußte, wie wichtig es für uns war, hier zu sein und zuzuhören:

Eine Nixe kam aus dem Wasser und wurde eine Frau.
Und das tiefe Wasser hatte tiefere Fische.
Und dann kam die Prinzessin der Seesterne.
Und dann kam das Wasser über sie.
Und dann wurde aus dem Wasser eine Seesternkrone.
Und dann kam ich aus dem Wasser und legte mich neben einen riesigen Baum.
Und dann kam das schwarze Wasser über mich, als ich neben dem Riesenbaum lag.
Und dann kam ein großer schöner Regenbogen.
Und dann ging ich in den schönen Regenbogen und sah eine schöne Welt.

# V

# Leben

# Das tanzende Kind

Vor ein paar Jahren ging ich zufällig einen der Korridore in einer großen städtischen Schule hinunter und hörte aus einem der Klassenräume eine fröhliche afrikanische Musik. Der Korridor war leer bis auf einen Jungen, der zu der Musik tanzte. Ich nehme an, er war irgendwohin unterwegs, als die Musik seine Aufmerksamkeit erregte und er tanzen mußte. Er drehte sich und streckte die Arme aus, als ob er, für einen kurzen Moment, abheben wollte, als ob sein Körper, vom Rhythmus der Musik gefangengenommen, einem tieferen Impuls gehorchte, Zeit und Ort zu vergessen und glücklich vorwärtszuwirbeln. Beim Tanzen gewann er die Anmut und Haltung von jemandem, der viel älter und sicherer war, und man hatte den Eindruck, er dringe so sehr in den Geist der Musik ein, daß er wie aus einer erweckten archaischen Vergangenheit heraus tanzte.

Im Lauf der Jahre kam ich wieder auf das Bild des tanzenden Jungen zurück. Ich dachte über den inneren Antrieb der Kinder nach, auf Gefühle zu antworten, indem sie sie ausdrücken, einen Antrieb, der nicht gelehrt werden kann: zu hüpfen, wenn sie fröhlich sind, zu summen, wenn sie tagträumen, zu kichern, wenn sie albern sind. Einfache Regungen, zugegeben, doch Regungen, die für Empfindungen einen Ausdruck formen. Dies erinnert mich an das Gedicht eines Sechsjährigen, der auf die Frage, wie er sich fühle, schrieb:

Ich bin ganz schwach.
Ich bin kribbelig.
Ich bin schlapp.

Diese Impulse, diese unmittelbaren Reaktionen führen ein Kind zum Ursprung jener Ausdrucksformen, die wir als Künste bezeichnen. Solche Reaktionen, die allen Menschen gemeinsam sind, vom ersten rhythmischen Klopfen auf Steine bis zum spontanen Sichbewegen zum Rhythmus einer Musik, sind für uns überlebenswichtig – denn als grundlegende Impulse sind sie der Schlüssel, der unsere inneren Gefühls- und Gedankenwelten befähigt, Formen der Kommunikation anzunehmen.

Der Junge, der auf dem Korridor tanzte, hat – so möchte man hoffen – auch später wieder getanzt, so daß der Impuls, der ihn ursprünglich zum Tanzen bewegte, Teil seines Bewußtseins wurde und ihm in der Erweiterung seiner Fähigkeiten half, die Feinheiten und Konturen seiner Erfahrung ästhetisch zu artikulieren. Doch sein Tanz soll uns auch daran erinnern, wie wenig Verankerung diese Impulse in unserem eigenen Leben haben, wenn sie nicht genährt und gefördert werden, wenn sie als kindliche Ausdrucksformen angesehen werden statt als Bausteine eines Weges, der das Recht eines einzelnen Menschen auf umfassendere Wahrnehmung und volleres Verstehen ermutigt. Wie ein elfjähriges Kind es einmal für mich in seinem Gedicht ausdrückte:

Ohne Gedichte wäre unsere Welt in sich selbst eingesperrt.

# Zeit ist ein spielendes Kind

Es ist Sommer. Die Schule ist zu Ende. Die Straßen und Parks von New York City beginnen sich zu verwandeln. Die Hydranten sind geöffnet; die Schwimmbäder sind gefüllt; die Trinkwasserbrunnen laufen über – und auf den Spielplätzen in der ganzen aufgeheizten Stadt sprüht es aus Rasensprengern.

Für das glückliche Kind bedeutet der tägliche Besuch bei einer dieser Wasserquellen nicht nur eine dringend erwünschte Abkühlung – vielmehr fordert es die ganze johlende, von Springen und Hüpfen übermütige Paradieswelt des Wassers heraus. Einige Kinder sind zu aufgeregt, um sich mit Ausziehen aufzuhalten, sie rennen einfach in den Sprühregen, bis sie vollkommen durchnäßt sind. Andere in Badeanzügen nähern sich dem Wasser behutsamer, strecken erst einmal ihre Fingerspitzen aus, um zu prüfen, wie mächtig oder wie kalt dieses älteste der Elemente sich anfühlt. Wie kleine Wasserläufer schießen die Kinder durch die kreisenden Wasserstrahlen und erfinden ständig neue Wege, ihnen zu entkommen. Sie krümmen und winden sich, sie springen und hüpfen, und dann auf einmal bleiben sie inmitten eines großen Wasserschauers stehen, schauen auf und genießen lustvoll jede Bewegung des auf sie niederprasselnden Regens.

Ich sitze auf einer Bank nahebei und empfinde Neid, daß ich an ihrer Ausgelassenheit nicht teilhabe, an ihrer berechtigten Begeisterung, die sie zu Mitspielern im Spiel des Wassers macht.

Wenn William Blakes Satz zutrifft, daß »Energie eine ewige Lust« ist, dann beobachte ich ein Energiefeld, ein Spielfeld, auf dem die Kinder sich von unseren allzu-menschlichen Hemmnissen und Beschränkungen befreit haben. Sie sind, jeder auf seine Weise, Partner in dem Spiel der Kräfte, die das Wasser zum Leben erwecken. Vielleicht ist das Spiel zwischen Menschen und den Elementen um sie herum Teil des Genies der Kindheit. Mit dem Wind um die Wette zu rennen, auf Sand zu bauen und Wasser verrinnen zu lassen, das sind nicht bloß geflügelte Worte, sondern wirkliche Beschreibungen dessen, was ein Kind tut, wenn es mit diesen Dingen umgeht. Durch die profunde Annäherung im Spiel teilen wir das Leben von Wind, Sand und Wasser – oder wie Johanny, ein achtjähriger Junge, kürzlich schrieb: »Wenn ich spiele, dann ist es so, als ob ich den Wind umarme und die Luft küsse und mit ihr singe und die Luft vor mir herschubse. Ich bin sehr, sehr froh.«

Ist es nicht vielleicht so, daß sich in dem instinktiven Bedürfnis des Kindes zu spielen eine unbewußte Erkenntnis der Existenz des Spiels in allen Formen der Natur verbirgt? Sehen Sie sich zum Beispiel irgendein dreijähriges Kind an, das allein mit einem Wasserbecken ist. In kürzester Zeit wird daraus ein Kind, das vollkommen im Spiel mit dem Wasser aufgeht – es planscht, schüttet, spritzt, füllt und leert Gefäße, wirft Steine und anderes hinein –, kurzum, es findet heraus, wie sich Wasser verhält. Die Eigenschaft des Wassers selbst hat die Qualität eines Spielgefährten gewonnen, indem es sich mit seinen endlosen Wandlungen in Form, Bewegung und Geräusch anpaßt oder auch wehrt.

»Das Spiel von Licht und Schatten auf den Bäumen, wenn die geschmeidigen Äste sich biegen«, dieses Bild wählt Walt Whitman nicht zufällig, denn er beobachtet das Wunder des Lichts, wie es auf die Bewegung der Äste reagiert – das Wechselspiel, das entsteht, wenn zwei Elemente der Natur sich zueinander verhalten. Kürzlich sah ich ein Spinnennetz, das draußen vor meinem Fenster hing. Als ich es betrachtete, ließ ein sachter Windhauch das Netz erzittern, und kleine Tautropfen, die bis jetzt fast unsichtbar gewesen waren, glitzerten auf, bevor sie im Morgen verschwanden. Ja, vielleicht war es nur der Zufall eines glücklichen »Timings«, daß ich das Netz sah. Doch kann ich als teilnehmender Spieler in dieser Welt nicht ebenso an ein Universum glauben, in dem der Zufall zu den grundlegenden Regeln seines Spiels gehört? Vieles in der Welt ist eine Art Improvisation, ein Fragen und Antworten, ein Rufen und Wiederrufen, eine Bewegung und eine Gegenbewegung innerhalb von natürlichen Prozessen, die sich im Fortgang selbst erzeugen, und wir sind ebenso ein Teil davon wie »das Spiel von Licht und Schatten auf den Bäumen« – der Luftzug, der ein Spinnennetz berührt – und schließlich meine Fähigkeit, darüber zu sprechen.

Vielleicht hatte der griechische Philosoph Heraklit recht, als er sagte: »Zeit ist ein spielendes Kind, das Figuren auf einem Spielbrett verrückt: Das Königreich gehört einem Kind.« Gewiß bestätigen das die Kinder, die auf dem Spielplatz unter den Wasserstrahlen des Sprengers hin- und herrennen, naß werden und herausfinden, wie man die Strahlen lenken und stoppen, verstärken und schwächen kann, indem man einige Löcher zuhält. Manchen gelingt es mit ihrem Körpergewicht, das Wasser ganz und gar zum Versiegen zu bringen, wenn auch nur für einen Augenblick. Sie applaudieren sich selbst, jubeln und lachen, denn sie sind Gebieter im Königreich des Wassers. Aber auch Gebieter werden ihrer Macht müde, und plötzlich springen sie auf und rennen weg und lassen dem Wasser wieder seinen freien Lauf. Ganz anders, abseits in einer Ecke bemerke ich zwei Kinder, die Tropfen aus einem undichten Wasserhahn auffangen. Unablässig wie Ameisen, die Tannennadeln zu ihrem Haufen schleppen, tragen sie das kostbare Naß in Plastikschaufeln hinüber zu der trockenen Wüste des Sandkastens.

Manche von uns, die diese Aktivitäten beurteilen, mögen hier das alte pädagogische Sprichwort »Spiel ist die Arbeit des Kindes« bewahrheitet sehen. In Anbetracht der nicht nachlassenden Konzentration, mit der sie ihrer Aufgabe nachgehen, mag das zutreffen. Aber ich neige zu einer anderen Ansicht. Die Kinder sind ebenso in einem Prozeß wechselseitigen Ausgleichs begriffen, in dem es um eine Balance zwischen ihnen und der Arbeit und dem Spiel des Wassers geht. Für ein Kind hat Wasser ein eigenes Leben. Dieses Leben zu entdecken bedeutet, das Wunder zu entdecken, wie Wasser (nicht anders als wir) Dinge tut. Die Schriftstellerin Laurie Lee, die als kleines Kind das Wasser an einer Pumpe kennenlernte, erinnert sich, wie

> … man es in reinen blauen Mengen aus der Erde hochpumpen konnte, und es kam funkelnd wie flüssiger Himmel heraus. Es schoß hervor und rann oder es pladderte in einen Krug oder machte einem die Kleidung kalt und schwer … Es war ein Spielzeug voller Magie, das man einfangen oder verschütten, aber nie verbrennen oder verderben oder zerstören konnte.

Ist das magische Spiel des Wassers nur sein mechanisches, vorherbestimmtes Funktionieren? Ja, wenn ich der exakten wissenschaftlichen Vernunft folge, dann stimme ich dem zu. Aber wenn ich meiner eigenen Vernunft keine solch engen Grenzen setze, kann ich im Spiel fragen: Ist es älter als wir? Hat es vor uns existiert? Johan Huizinga hat in seinem wegweisenden Buch »Homo Ludens« festgestellt: »Spiel ist älter als Kultur; denn so ungenügend der Begriff Kultur begrenzt sein mag, er setzt doch auf jeden Fall eine menschliche Gesellschaft voraus, und die Tiere haben nicht auf den Menschen gewartet, um von ihm erst das Spielen zu lernen.« Ist Spiel vielleicht die Voraussetzung, die der Erschaffung des Universums zugrunde liegt? Ist die eigentliche »Arbeit« des Universums vielleicht sein Spiel? Das konstante und komplexe Zusammensetzen ursprünglicher Elemente, um Leben zu schaffen: Könnten nicht die gleichen Elemente im Spiel sein, die alles riskieren, um sich selbst zu verfielfältigen und in jenen Zustand der Lebendigkeit zu kommen, den wir als unsere Welt kennen?

Ich fühle mich wohler, wenn ich von dem Wasser, das aus den Hydranten sprüht, sage: Es spielt – statt: Es arbeitet. Letzteres unterstellt einen ernsthaften Zweck, eine Zielgerichtetheit, die zu eingeschränkt ist, um den vitalen Zusammenklang aus Licht und Geräuschen ganz zu erfassen. Wenn die Tätigkeit der Natur, der unsichtbare Tanz ihrer Teile, der das Universum zusammenhält, Spiel ist, dann ist mein Geist und der Geist der Kinder – der Geist des Wassers, wenn Sie wollen – nichts anderes als ein weites Spielfeld. Welch außerordentliches Gewicht unser Spielen dadurch bekommt. Nicht nur wird der lästige Widerspruch zwischen unserer »Arbeit« und unserem »Spiel« bedeutungslos, sondern all unser Denken, Analysieren, Verbinden, Erinnern, Zeichnen, Rechnen, Träumen – unser Erfinden und Erschaffen – sind an und für sich nur staunenswerte Spielarten, sie »arbeiten« mit an der sich steigernden Entwicklung eines spielerischen Universums.

Während ich den Kindern zuschaue, wie sie ins Wasser hinein- und wieder herausrennen, beginne ich mich zu fragen, ob wir die Exponenten eines viel weiter gefaßten Spieles sind. Ist unser Verlangen zu erkennen, wer und was wir sind, ein fortgesetztes Spiel, eine – durch Mythen, Geschichten, Dichtung und nicht endendes Fragen – weitergehende Übersetzung dessen, was das Universum uns lehrt? Und werden wir das Wasserspiel, seine Dringlichkeit und Unabweisbarkeit noch erkennen und spüren – auch wenn die Kinder schon gegangen sind, der Sprenger abgedreht, der Spielplatz geschlossen ist und eine neue Sommernacht sich über die Stadt legt?

# Leben heisst Staunen

In jenen Tagen, als wir noch auf der Suche nach Grashüpfern und Salamandern waren, wer von uns fragte da nicht, warum der Grashüpfer so weit springen konnte – oder warum der Salamander schwarze Flecken auf seinem gelben Körper hatte? Wir stapften durchs Laub, nur um das Geräusch der raschelnden Blätter zu hören. Wir warfen flache Steine übers Wasser, um zu sehen, wie oft sie aufsprangen und wie weit sie flogen. Wir lauschten nachts dem Zirpen der Grillen, als die Dunkelheit uns ebenso unbegreiflich wie undurchdringlich schien. Wir schliefen nur, um aufzuwachen, und wunderten uns doch, wie wir nun wach sein konnten, wenn wir doch eben noch geschlafen hatten.

In jenen Tagen wußten wir gerade genug, um nach dem fragen zu können, was wir nicht wußten. Unser Unwissen war nicht so sehr Unschuld als vielmehr die Basis, von der aus wir jeden Tag wieder auf die Entdeckung neuer Fragen ausgingen, neuer Wege, etwas Geheimnisvolles aufzuklären, das uns gestern noch undurchschaubar schien. Wir lebten durch unser Staunen, denn das Staunen potenzierte unser wachsendes Bewußtsein des Lebendigseins.

Wenn wir am frühen Morgen auf der Türschwelle standen, staunten wir über das Morgenlicht – und für einen Augenblick bestand vollkommene Übereinstimmung zwischen uns selbst und allem, was uns umgab. Ja, wir beobachteten das Zunehmen des Tageslichts, doch durch unser Staunen war es für uns weniger ein unverständliches Phänomen als vielmehr eines, das wir durchschauen wollten – sozusagen ein »Crossingover« zwischen unserem sich bildenden Selbst und dem Tageslicht. Wir befanden uns in einer anderen Art des Wissens, einer stillen Sicherheit und namenlosen Wärme, die vielleicht nur uns zugänglich und erklärbar waren.

Im hohen Norden der kanadischen Arktis fängt die junge Inuit-Dichterin Panegoosho ihr Gedicht mit der Zeile an: »Ich wache auf, das Gähnen des Morgens in meinem Mund« – und sie fährt fort: »und still liege ich, benommen von der Schönheit, der Zeitlosigkeit des Lichts.« Ihr Benommensein ist ein Staunen, eine Art der Erkenntnis, die unsere gewöhnliche Auffassung des Morgens verwandelt, so daß es schließlich der Morgen ist, der aufwacht und in ihrem eigenen Mund, wie sie kühn feststellt, gähnt. Sie ist benommen von der Schönheit des Morgens; sein Licht, verwandelt wie sie selbst, ist zeitlos – und ist doch die ganze Zeit.

Ihre Erfahrung haben viele von uns gemacht, als wir zum ersten Mal bewußt wahrnahmen, wie der Morgen uns mit seinem Licht umfing. Unser Staunen – oft unartikuliert, doch ein klares, deutliches Gefühl – half uns zu verstehen und ließ uns, wenn auch nur vorübergehend, in der äußeren Welt Halt finden. Wir waren der Körper, der, ohne Zensur durch die normalen Grenzen der Realität, unseren Fragen und unserer Neugier lauschte. Für wenige Minuten waren wir überrascht von dem Leben in den Dingen – und Himmel und Erde wurden eine unermeßliche Einheit in uns.

Neulich betrachtete meine Tochter Wildblumen, auf denen Tau lag, und fragte mich: »Wie kommen all die Säfte in die Blume hinein?« Eine aus dem Staunen geborene Frage, hinter der ich einen allgemeinen Grund für unser Staunen wahrnahm: das unstillbare Verlangen, nicht nur zu wissen, wie und warum etwas ist, sondern ebenfalls zu wissen, wie unsere eigenen Anfänge waren, der Ursprung unseres Lebens. Zu einer bestimmten Zeit unseres Lebens waren wir leidenschaftliche Mythologen, wir wollten herausfinden, wie alles entstand: Tau, Blumen, Sonnenlicht, die Erde, auf der wir uns bewegen. Geprägt von tiefer Erinnerung und Erfahrung schufen wir unsere ersten Mythen, die uns erklären sollten, warum und wie die Dinge geworden sind. Wir knoteten jenes »Netz der Wunder«, das Aristoteles Mythos nannte, und es störte uns nicht im geringsten, daß unsere Unwissenheit uns mit dem Privileg ausstattete, eine Welt nach unserer Vorstellung zu schaffen. Wir stellten wieder und wieder die notwendigen Fragen, die unser Staunen uns eingab.

Doch das Leben des Staunens war nur von kurzer Dauer, bald wurden wir mit anderen Formen des Lernens konfrontiert, die uns von den mächtigen Werten der Gesellschaft und ihrer Schule oktroyiert wurden. Wir begriffen schnell, daß wir keinen Erfolg haben oder kein Examen bestehen können, wenn wir uns allein unserem Staunen überlassen. Wir mußten über das bloße Staunen hinausgehen und den praktischen Erfordernissen des Alltags genüge tun, wir mußten uns die Logik eines Lernens zu eigen machen, das vor allem zwischen Falsch und Richtig in unserem Denken unterscheidet. Mit dem Rückzug vom Staunen verloren wir ein Gravitationszentrum in unserem Inneren, das jener Art des Wissens Nahrung gab, aus dem heraus ein Achtjähriger schreibt:

> Dieses Auge begann aus dem Nichts,
> weißen Tränen, Sonne, Wirbelstürmen,
> Geheimnissen, Nacht.
> *Max*

Und im gleichen Sinn bemerkt eine Neunjährige:

> Das Geräusch
> das über mir schwebt
> atmet stetig.

Die Welt atmet
und bringt mir
rasch wachsenden
Frieden und Glück.
*Constance*

Nicht anders hat die Archäologin Jacquetta Hawkes, die ein ganzes Leben mit der Erforschung der Ursprünge der Menschheit zubrachte, erklärt, daß »wir immer noch in einem Geheimnis leben und das Beste der Wissenschaft dies auch zugibt. Laßt uns den Mut zu der inneren Erfahrung haben, daß mehr in uns steckt – und daß wir möglicherweise Teil eines Prozesses sind, der noch sehr viel größer ist.«

Für ein Kind oder einen Erwachsenen ist das Geheimnis, von dem Hawkes spricht, die Anziehung durch das Unbekannte, das scheinbar endlose Spektrum der Dunkelheit, das, wie mir einmal ein Kind sagte, »nicht gelöst werden kann«. Vielleicht ist es auch dasjenige, was Joan Miró in seinem Werk auszudrücken versuchte, als er sagte: »Ein Kieselstein ist ein endliches und bewegungsloses Objekt, aber ich sehe in ihm nicht nur Bewegungen, sondern Bewegungen ohne Ende ... Was ich eigentlich suche, ist eine bewegungslose Bewegung, so etwas wie die Beredtheit des Schweigens.« Oder was Mirós Landsmann Federico García Lorca meinte:

Höre, hör, mein Kind, die Stille.
Die wogende Stille,
darin Täler und Echos
ausgleiten und ihre Stirnen
zu Boden neigen.
Höre.

Ist dies, so frage ich mich, die Stille, die wir hören, wenn wir uns unserem Staunen überlassen? Ist es dieser Zustand des Wissens, wenn wir uns gänzlich in dem befinden, was wir wissen wollen – und als Schauende zwischen Wissen und Nichtwissen schweben? Ist es die Stille hinter der poetischen Erfahrung, wie Howard Nemerov vermutet, wenn wir uns des ersten »flüchtigen Aufflackerns eines Gedankens über der Erscheinung der Dinge bewußt werden ..., als ob die Dinge selbst zu sprechen beginnen«?

Solche Fragen sind Teil des Geheimnisses, das wir fortwährend akzeptieren müssen, wenn wir unserem Staunen nahe bleiben wollen – wenn wir, trotz des Ansturms eines allzu sehr auf Meßbarkeit und Kalkül reduzierten Universums, nicht aufgeben wollen, was wir in jenen Tagen wußten, als Grashüpfer und Salamander unseren Weg kreuzten. Tage, an denen wir innehielten und lauschten, wie Basho es vor etwa dreihundert Jahren tat, als er schrieb:

> Eine Kastanie fällt:
> Die Insekten verstummen
> In den Gräsern.

Für einen Augenblick herbstlicher Stille sind wir allein mit unserem Staunen, sicher in der Gewißheit, daß, gleichgültig, was sonst noch geschieht oder welche anderen Formen des Wissens es sonst geben mag, die besondere Sprache unseres staunenden Denkens mit dem übereinstimmt, was um uns her ist. Da wir nur diesen zerbrechlichen Maßstab der Zeitlosigkeit als unseren Begleiter haben, wer möchte nicht Lao-Tse zustimmen, der sagte:

> ... Von Staunen zu Staunen
> öffnet sich die Existenz.

# Danksagung

Mein besonderer Dank gilt den vielen Personen, die geholfen haben, daß dieses Buch Wirklichkeit werden konnte, allen voran Dr. Monroe Cohen, dessen kluger Rat und Fleiß dem ersten Entwurf dieser Sammlung zugrunde lag; meinem verständnisvollen Redakteur bei Parabola Books, David Applebaum, und seiner Assistentin Shanti Fader, die mit großer Sorgfalt den vorliegenden Text betreuten; Martin Moskof für die Klarheit seines Layouts; all jenen engagierten und begabten Kunst- und Klassenlehrern und Schulmitarbeitern, mit denen ich über zwei Jahrzehnte lang die Freude der Zusammenarbeit hatte; den verschiedenen Stiftungen und Einzelpersonen, die großzügig die Arbeit des Touchstone Centers unterstützt haben; und natürlich jenen wunderbar lebendigen und inspirierenden Kindern in den Klassenzimmern, von denen ich so viel lernen konnte; meinen eigenen Kindern Amanda, Sascha und Sarah, die mich mit ihrer Offenheit und Liebe an dem Reichtum ihrer Welt teilnehmen ließen; und meiner geliebten Frau Carol, deren hingebendes Zuhören und deren Ermutigung mich mit Zuversicht erfüllten, dieses Buch zu vollenden.